W0109506

Alte chinesische Gartenkunst

Qiao Yun

Alte chinesische Gartenkunst

Koehler & Amelang
Leipzig

Herausgeber: Qiao Yun
Text: Cheng Liyao
Fotos: Yang Gusheng, Chen Xiaoli, Wei Ran
Übersetzung aus dem Chinesischen von Thomas Thilo
Originaltitel: 中國園林藝術 (Zhongguo yuanlin yishu)

ISBN 3-7338-0030-3

1. Auflage
© 1986 by Koehler & Amelang (VOB), Leipzig (deutsche Übersetzung)
Lizenz-Nr. 295/275/2820/86 · LSV 8164
Lizenzausgabe der Drei Verbundenen Verlage »Leben–Lesen–Neues
Wissen« und des Chinesischen Verlages für Bauindustrie, Peking
Printed in Hongkong
Satz: Druckerei Neues Deutschland, Berlin
Herstellung der Druckplatten: Künstlerische Fotodruckerei
»Wintergrün«, Hongkong
Druck: Vereinigte Druck-GmbH »China« und »Handel«, Hongkong
698 342 8
09800

Inhalt

Vorwort

Der chinesische Garten ist seit jeher als Landschaftsgarten bekannt. Als besondere, originale Gartenform der chinesischen Nation stellt er jedoch das Ergebnis einer langen Entwicklung dar. Verfolgen wir diese bis an ihre Anfänge zurück, so sehen wir, daß der chinesische Garten ursprünglich gar kein Landschaftsgarten war.

Die chinesische Geschichte beginnt – soweit sie mit direkten schriftlichen Quellen belegt werden kann – in der Shang-Yin-Periode, aus der Inschriften auf Bronzegeräten und Orakelknochen erhalten sind. Unter letzteren befinden sich viele, in denen das Orakel über Jagden befragt wird. Die Aufzeichnungen bekunden, daß diese Jagden Vergnügungscharakter hatten. Das Gebiet, in dem zur Yin-Zeit Jagdvergnügungen veranstaltet wurden, konzentrierte sich um Yi (im Gebiet des heutigen Qinyang in der Provinz Henan) und erstreckte sich bis in den Südteil der heutigen Provinz Shanxi und den Nordteil der heutigen Provinz Henan. Zur Zeit der Zhou-Dynastie bildete sich der »Tiergarten« (you) heraus. Er umfaßte ein bestimmtes Gebiet mit einem Bereich, in dem gejagt werden konnte. Bekannt ist der im »Buch der Lieder« (Shijing) beschriebene Ling-Tiergarten (Lingyou) mit der Ling-Terrasse (Lingtai) und dem Ling-Sumpf (Lingzhao).

In der »Untersuchung über die Einrichtungen der Han« (Hanzhikao) heißt es: »Im Altertum nannte man es ›Tiergarten‹, zur Zeit der Han nannte man es ›Park‹ (yuan).« Der Park führte zwar die Tradition des Tiergartens, der Jagd zu dienen, fort, man ging jedoch einen Schritt weiter: So wurden in den Parks Paläste, Terrassen und Pavillons gebaut, wie zum Beispiel die Paläste Xingong und Chaogong der Qin. Im Shanglin-Park (Shanglinyuan) des Han-Kaisers Wudi gab es Gärten, Paläste und Pavillons, die alle jeweils eigenen Zwecken dienten: dem Musizieren, dem Singen, dem Betrachten seltener Vögel und merkwürdiger Fische, dem Vergnügen an Hunden, Pferden, Elefanten und Hirschen sowie der Aufzucht ungewöhnlicher Blumen und absonderlicher Gehölze. Auch waren viele Teiche angelegt worden, wie zum Beispiel der Kunming-Teich (Kunmingchi). Der Shanglin-Park bildete also einen ganzen Komplex, der die verschiedenartigsten Lebensinhalte umfaßte, wobei jedoch den Bauten besondere Bedeutung zukam. Man spricht deshalb auch vom »Architektur-Palast-Park der Qin und Han«. Nördlich vom Jianzhang-Palast (Jianzhanggong) des Han-Kaisers Wudi befand sich ein großer Teich mit dem Namen Taiyichi, in dem die Inseln Penglai, Fangzhang, Yingzhou und Huliang lagen wie die Berge der Unsterblichen im Meere. Auch wurden hier Schildkröten und Fische gehalten. Es handelte sich also nicht bloß darum, daß Wasser herbeigeleitet wurde, um einen Teich zu bilden, sondern in diesem Teich wurden »Berge« (Inseln) mit symbolischer Bedeutung angelegt und am Ufer steinerne Skulpturen von Fischen und Schildkröten aufgestellt. Dies war der Beginn der künstlerischen Schöpfung einer Landschaft aus Teich und »Bergen«, das Vorbild des späteren »Ein Teich und drei Berge« (yi chi san shan).

Zur Zeit der Dynastien Wei und Jin und der Nord- und Süd-Dynastien übten die Naturverehrung und die Verherrlichung des ländlichen Lebens in Literatur und Kunst sowie die Entwicklung der Theorie und Darstellungstechnik der Landschaftsmalerei auf die Anlage und die Methode der Gartenschöpfungen einen bestimmenden Einfluß aus, unter dem der Hirschpark (Luyuan) der Nord-Wei, der Park des Springenden Drachen (Longtengyuan) der Späteren Yan, der Park »Residenz der Unsterblichen« (Xianduyuan) der Nord-Qi sowie der Yuanpu-Park (Yuanpuyuan) und der Hudong-Park (Hudongyuan) der Süd-Dynastien geschaffen wurden. Man grub Kanäle und leitete Wasser herbei, hob Teiche aus, häufte Berge auf mit übereinandergetürmten Felsen und vielfachen Graten, mit tiefen Bächen, Höhlen und Schluchten und trieb die kunstvolle Landschaftsgestaltung bis zum Äußersten. Auf die Berge pflanzte man Kräuter, Bäume, Hängepflanzen und Ranken und erzielte so einen Eindruck größter Natürlichkeit. Aus den Parks ragten vereinzelt Häuser und Hallen auf, oder aber man setzte Gruppen von Gebäuden an den Fuß von Hügeln, in denen es auch steinerne Höhlen gab, durch die man mehrere hundert Schritt im verborgenen gehen konnte – so wurde der natürliche Landschaftsgarten geschaffen.

Diese Entwicklung des natürlichen Landschaftsgartens bewirkte wiederum Veränderungen in der Form der Kaiserpaläste mit ihren Parks. Der Sui-Kaiser Yangdi ließ in Luoyang den Westpark (Xiyuan) mit einem »Meer« von mehr als 10 li (1 li entspricht etwa 0,5 km) Umfang anlegen, aus dem sich die Berg-Inseln Penglai, Fangzhang und Yingzhou erhoben. Auf diesen »Bergen« standen Terrassen, Aussichtspavillons, Hallen und andere Häuser. Nördlich von dem »Meer« führte ein Kanal in zahlreichen Windungen um die »16 Höfe« (Shiliu yuan), bevor er in das »Meer« mündete. Das Errichten solcher Bauanlagen innerhalb einer künstlich geschaffenen Landschaft aus Bergen, »Meer« und Kanal bedeutete, innerhalb eines Parks gesonderte parkartige Anlagen zu schaffen, hier die »16 Höfe«. Dies kann man den »Park der Landschaftsarchitektur der Sui-Zeit« nennen.

Unter den Dynastien der Tang und der Song – vor allem in der Tang-Zeit – erlebten die chinesische Kunst und Kultur eine bis dahin einmalige Blüte. Die Entwicklung der Landschaftsmalerei in dieser Zeit beeinflußte auch die Gartengestaltung, so daß Stimmungen der Dichtung und malerische Gehalte in die Gartenkunst eingingen. In diesen neuen Gärten gab man nicht nur natürliche Landschaften wieder, sondern verstärkte sie noch durch künstlerische Methoden und verschönerte sie durch Stimmungen der Dichtung und Gehalte der Malerei, wobei man besonderen Wert auf eine »Szenerie mit Sinngehalt« (yijing) legte. Dies nennt man den »Landschaftsgarten der freien Malweise der Tang- und Song-Zeit«. Im Bereich der Palastparks war der Park Genyue (etwa »Heiliger Berg des Nordostens«) der Nord-Song-Zeit eine typische Schöpfung. Unter den Dynastien Ming und Qing wurde die Gartenkunst auf dieser Basis weiterentwickelt und ihre Technik vervollkommnet.

Das Erscheinen dieses Buches war mir Anlaß, kurz die historische Entwicklung des chinesischen Landschaftsgartens zu umreißen, in der Absicht, dieses bedeutende künstlerische Erbe zu würdigen und allgemein die Aufmerksamkeit auf die Erforschung der alten chinesischen Gärten zu lenken.

Wang Juyuan
Stellvertretender Vorsitzender der
Chinesischen Gesellschaft für Gartenkunst

Die alte chinesische Gartenkunst

Die Kunst der Gartengestaltung ist eine wichtige Komponente der traditionellen chinesischen Kultur und zugleich ein kostbares Kleinod in der Schatzkammer der Weltkunst. Jeder, der sich für die alte Kultur Chinas interessiert, kommt nicht umhin, auch die chinesische Gartenkunst zu betrachten oder zu erforschen.

Die Anfänge der alten chinesischen Gärten lassen sich bis zur Periode der Qin- und Han-Dynastien zurückverfolgen. Zur Tang-Zeit erreichte die Gartenkunst ihre Reife, und heute besitzt sie eine mehr als zweitausend Jahre währende Geschichte. In diesem langen Entwicklungsprozeß wurden ihr Inhalt und ihre künstlerischen Methoden ständig bereichert. Auch im internationalen Kulturaustausch übten die chinesischen Gärten auf die Kunst der Gartengestaltung anderer Länder der Erde einen gewissen Einfluß aus. So wurde zum Beispiel im 6. Jahrhundert die chinesische Gartenkunst in Japan eingeführt und eine der Quellen der japanischen Kunst der Gartengestaltung.

Die alte chinesische Gartenkunst gleicht einem Kristall, den die chinesische Kultur und Kunst über lange Zeit hin ausgebildet hat, und sie spiegelt in vollem Maße das tiefe Verständnis und die hohe Wertschätzung des chinesischen Volkes gegenüber der Schönheit der Natur wider. Die Chinesen haben verhältnismäßig früh in der Geschichte der Menschheit die Schönheit der Natur entdeckt, und sie sind große Meister in der Umwandlung der Regeln der Naturschönheit in vom Menschen geschaffene Schönheit. Die chinesischen Gärten sind grundverschieden von den regelmäßigen Gärten der europäischen Tradition mit ihren geometrischen Formen. Ihre Merkmale sind Freiheit, Wandel und Verschlungenheit, und man kann sie als eine der kunstvollsten der jemals von Menschen geschaffenen Umgebungen bezeichnen.

Der erlesene, elegante Stil, der den alten chinesischen Gärten eigen ist, zeugt von dem hohen kulturellen Niveau des chinesischen Volkes. Die alten chinesischen Gärten sind das Ergebnis einer Verschmelzung von Architektur, Malerei, Literatur, Dramatik, Kalligraphie und Bildhauerei, wodurch eine Welt vollkommener Schönheit geschaffen wurde. Die Gedankenwelt der Dichtung und der Bildaufbau der Malerei sind die grundlegenden Methoden der Schöpfung der alten chinesischen Gärten. Und gerade deswegen können sie bis zum heutigen Tage den Menschen höchsten Schönheitsgenuß bieten und größte künstlerische Wirkung ausüben. Wir können aus dieser Schatzkammer viele wertvolle künstlerische Theorien und Techniken gewinnen.

Die traditionelle sinnbildliche chinesische Landschaftsmalerei und die Kunst der Gartengestaltung stehen in äußerst enger Beziehung zueinander. Die Gartengestaltung und die Malerei sind von Anfang an Schwesterkünste, die sich gleichzeitig entwickelt haben, im Unterschied zum europäischen Garten, der erst im 18. Jahrhundert mit der Malerei in Verbindung trat. Die alten chinesischen Gärten wurden zumeist von erfolgreichen Malern und Dichtern entworfen, und daher geben sie ganz natürlich zutiefst bedeutungsvolle Stimmungen der Dichtung und Szenerien der Malerei wieder. Wenn wir einen solchen Garten genießen, können wir ihn uns als ein Gedicht vorstellen, das sich verschlungen dahinbewegt, oder als eine Bildrolle, die sich allmählich öffnet.

In den alten chinesischen Gärten sind die Gebilde mit der reichsten Ausdruckskraft und der stärksten Eigenart die künstlichen Felsen. Auf dem großen Territorium Chinas gibt es zahlreiche berühmte Berge, die eine unerschöpfliche Quelle der Inspiration für die Gartengestalter bilden. China besitzt auch in reichem Maße Gesteine, und die Gartengestalter benutzen natürliche Steine mit unterschiedlicher Form, Farbe, Musterung und Textur, um in den Gärten künstliche Felsen unterschiedlichen Stils mit Gipfeln, Graten, Schluchten und Höhlen zu formen, die den Betrachter an erhabene Berge und steile Gebirgsketten denken lassen, so daß man sich gleichsam inmitten eines Gebirges der freien Natur fühlt. Ebenso wie bei der Theorie des »Fast wie in Bergen und Wäldern« der Landschaftsmalerei ist dies eine künstlerische Wiedergabe der schönen freien Natur. Dieser Symbolreichtum ist eine der edelsten Blüten der chinesischen Gartenkunst. Sie unterscheidet sich darin von dem Realismus der europäischen Tradition und strahlt daher eine spezifisch orientalische dramatische Faszination aus.

Die Baukunst hat in den alten chinesischen Gärten ihre vollste Entwicklung erlangt. Im Vergleich zu ausländischen Gärten kommt in China den Bauwerken ein viel größeres Gewicht und ein äußerst wichtiger Platz zu. Sie sind in den Gärten sowohl ein Schmuck der Szenerie als auch ein Ort des Genießens der Szenerie, des Ausruhens und des Vergnügens. Die Funktionen der Bauten verbinden sich mit den Besonderheiten der Landschaftsform. So hat sich eine Vielzahl von architektonischen Formen entwickelt, für die auch jeweils eigene Bezeichnungen gefunden wurden, wie zum Beispiel ting (Pavillon), xie (Pavillon oder Haus auf einer Terrasse), lang (Gang), qiao (Brücke), fang

(Boot), fang (Hütte), ting (Halle), tang (Halle), lou (mehrgeschossiges Gebäude) und ge (hochstehendes mehrgeschossiges Gebäude). Die Bauwerke in einem alten chinesischen Garten sind äußerst reich an Abwandlungen hinsichtlich des Grundrisses, der Dachform, der Form und des Platzes von Türen und Fenstern, der Behandlung der Wandflächen, der Bemalung und des Stils des Schnitzwerkes, bilden aber nichtsdestoweniger ein einheitliches organisches Ganzes.

Ein wichtiges Element, das in einem alten chinesischen Garten nicht fehlen darf, ist das Wasser, ob nun als großer künstlicher See oder als klarer Teich. Bei der Form der Wasserflächen und der Gestaltung der Teichufer richtet man sich im Prinzip nach der Natur, doch wo es nötig ist, benutzt man auch kleine Teiche in geometrischer Form. Das Wasser soll nicht – wie in der europäischen Gartengestaltung oft der Fall – in bewegter Form eine Atmosphäre von Fröhlichkeit ausdrücken; sein grundlegendes Merkmal ist die Ruhe. Es scheint, als könnten ruhende Wasserformen besser den Charakter geläuterter Stille der chinesischen Gärten zum Ausdruck bringen.

Eine weitere Besonderheit sind die paarigen senkrechten Schrifttafeln und die waagerechten Namensschilder. Sie sind von den Gartenbauten fast nicht zu trennen und bilden wichtige Schmuckelemente. Der Inhalt dieser Tafeln und Schilder ist im allgemeinen auf die Umgebung der Gebäude bezogen, und oft sind es Zeilen aus berühmten Gedichten, in denen Besonderheiten der Szenerie angedeutet und mit denen bestimmte Assoziationen bewirkt oder Neigungen des Besitzers zum Ausdruck gebracht werden. So kann man gleichzeitig mit der Szenerie auch erlesene Kalligraphie und Reliefkunst in Metall und Stein genießen, was die erhabene literarische Atmosphäre der Gärten verstärkt.

Die alten chinesischen Gärten kann man grob in drei Typen einteilen: kaiserliche Parks, private Gärten und natürliche Landschaftsparks (einschließlich der Parks von Klöstern und Tempeln). Ausmaß, Zweck und Stil dieser drei Arten von Gärten sind jeweils unterschiedlich. Da die kaiserlichen Parks zumeist im Norden angelegt wurden, bildet ihr gewaltiger und erhabener Stil die Hauptströmung der verschiedenen Gartenstile des Nordens. Bei den Gärten des Südens handelt es sich vorwiegend um Privatgärten, wobei hier die Gärten von Suzhou am bedeutendsten sind. Sie zeichnen sich durch Verwinkeltheit und schattige Tiefe aus, was für den Stil des Südens repräsentativ ist. In vielen be-

rühmten Landschaftsgebieten Chinas haben sich infolge der Erschließung und Bebauung im Lauf der Geschichte einige Ausflugsziele öffentlichen Charakters, Klöster und Tempel konzentriert, die sich allmählich zu großen Parks entwickelt haben, in denen die natürliche Szenerie die Hauptsache bildet und künstlicher Schmuck nur eine Hilfsfunktion hat. Der Stil dieser Art von Parks ist im Vergleich zu den anderen beiden Arten altertümlicher und natürlicher.

Der Juwelenpark in Lasa in Tibet ist ein Meisterwerk unter den alten Gärten von Chinas nationalen Minderheiten. Seine äußere Erscheinung ist grundverschieden von den zuvor genannten drei Arten von Gärten. Er besitzt stark lokale Färbung und religiöse Atmosphäre und wird am Ende des Bandes gesondert behandelt.

Da die Bauten in den alten chinesischen Gärten in der Hauptsache aus Holzkonstruktionen bestanden, sind die meisten infolge von Naturkatastrophen und Kriegseinwirkungen heute nicht mehr vorhanden. Die wenigen, die noch existieren, stammen hauptsächlich aus der Ming- und der Qing-Zeit, aber dennoch können wir in diesen überkommenen Bauten die glanzvollen Schöpfungen der alten chinesischen Gartenkunst erblicken und bewundern.

Kaiserliche Parks

Wie in anderen alten Staaten der Erde nahm auch im alten China die Gartengestaltung ihren Anfang bei den kaiserlichen Parks.

Auf Grund von historischen Aufzeichnungen, alten Bildern und literarischen Werken kann man annehmen, daß die Gestaltung von Parks durch die Kaiserhäuser des chinesischen Altertums etwa zur Zeit der Qin- und der Han-Dynastien begann. Wie wir aus schriftlichen Quellen wissen, ließ der Kaiser Shihuangdi von Qin südlich vom Wei-Fluß den Park Shanglinyuan anlegen und darin den Efang-Palast errichten. Unter dem Kaiser Gaozu der Han-Dynastie wurden der Weiyang-Palast und der Taiyi-Teich mit den Inseln Penglai, Fangzhang, Yingzhou und Huliang angelegt. Der Han-Kaiser Wudi ließ den Park Shanglinyuan wieder herrichten und darin den Jianzhang-Palast erbauen sowie den Kunming-Teich ausheben. Damit hatte dieser Park einen Umfang von mehreren hundert li (1 li entspricht etwa 0,5 km). Mit Dutzenden von Palästen, einer reichen Fauna und einer vielfältigen Flora bildete er eine Welt für sich. Die Hauptszenerie der damaligen kaiserlichen Parks war von dem symbolischen Schema »Ein Teich und drei Berge« (yi chi san shan) bestimmt, in dem die Urform des chinesischen Landschaftsparks erstmalig Gestalt annahm.

Zur Zeit der Wei- und Jin-Dynastien wurde zwar ständig Krieg geführt, und das Volk hatte kaum etwas zum Leben, doch das Streben der Herrschenden nach Genuß war stärker denn je, und es wurden zahlreiche Parks angelegt. Cao Pei errichtete als Kaiser Wendi der Dynastie Wei in Luoyang den berühmten Fanglin-Park und schuf mit Steinen aus dem Taihangshan-Gebirge den künstlichen Berg Jingyangshan.

Zur Zeit der Nord- und Süd-Dynastien nahm die Gartenkunst einen weiteren Aufschwung. Die kaiserlichen Parks der Nord-Dynastien übernahmen im wesentlichen den Stil der Qin- und Han-Zeit. Die Parkgestaltung der Süd-Dynastien aber wurde in starkem Maße durch die gesellschaftlichen Vorstellungen, die Literatur und die Malerei, wie sie sich seit der West-Jin-Zeit entwickelt hatten, beeinflußt. Die Aristokraten hingen den daoistischen Lehren von Laozi und Zhuangzi an, das »dunkle Gespräch« (xuantan) war große Mode, und der Buddhismus erlebte weite Verbreitung, so daß die Gedanken der Flucht aus der Welt des Staubes und der Hingabe an die reine Natur allenthalben Anklang fanden. All dies bewirkte in der Gartengestaltung eine verstärkte Betonung der natürlichen Reize. Der Kaiser Wendi

der Süd-Dynastie Song schuf am Maulbeersee (Sangpo) in Jiankang, dem heutigen Xuanwu-See in Nanjing, einen Park mit nur wenigen Bauwerken, in dem die Naturszenerie die Hauptsache bildete.

Die Sui- und Tang-Dynastien gelten als die Blüteperiode der chinesischen Feudalgesellschaft schlechthin. Wie die verschiedensten Künste erfuhren auch die kaiserlichen Parks damals eine großartige Entwicklung. Der Sui-Kaiser Yangdi legte in Luoyang den Westpark (Xiyuan) mit einem Umfang von 200 li an. In einem Teich von mehr als 10 li Umfang erhoben sich die drei Berge der Unsterblichen. Außerdem gab es in diesem gewaltigen und prächtigen Park 16 Gruppen von Bauwerken, ein weitverzweigtes Netz von Wasserläufen, »fliegende« Brücken und reiche Pflanzungen von Bambus, Weiden und Blumen. Mit Drachenbooten konnte man Lustfahrten unternehmen und alle Teile des Parks erreichen. Zur Tang-Zeit waren die Ressourcen des Staates noch reicher. Der unter Kaiser Xuanzong errichtete Palast der Blühenden Klarheit (Huaqinggong) war ein bekanntes Bauwerk dieser Zeit. Dieser prachtvolle Sommerpalast lag in einer lieblichen Landschaft in der Nähe einer heißen Quelle. Dies macht deutlich, daß die Herrschenden sich nicht mehr mit den Parks in ihren Stadtresidenzen zufrieden gaben, sondern Vergnügungsstätten suchten, an denen sie einer freien Naturumgebung näher waren. Von dem berühmten Tang-zeitlichen Dichter Du Fu (712–770) stammen die Zeilen: »Blickt man nach Chang'an zurück, so liegen dort die Seidenstickereien zuhauf, hier auf dem Gipfel des Berges öffnen sich tausend Tore eines nach dem anderen« – eine lebensvolle Beschreibung dieses Palastes.

Zur Nord-Song-Zeit erlag Zhao Ji, der Kaiser Huizong, seiner Liebe zur Landschaftsmalerei in einem solchen Grade, daß er sogar sein Reich verlor. In seiner Hauptstadt Bianliang ließ er im Laufe von zehn Jahren den Teich der Goldenen Klarheit (Jinmingchi) anlegen und den Berg des Langen Lebens (Shoushan, auch Genyue, etwa »Heiliger Berg des Nordostens«, genannt) auftürmen. Dazu ließ er an den verschiedensten Orten Südchinas bizarre Steine sammeln und scheute sich nicht, für ihren Transport in die Hauptstadt Brücken abreißen und Dämme einebnen zu lassen. Als Ergebnis dieser »Erfassung gemusterter Steine« (huashigang) sind noch heute in einigen alten Gärten absonderliche Felsspitzen und große Steinbrocken zu sehen, die damals zurückgelassen wurden. Felsen von ungewöhnlicher Form als

Zeichen der Verehrung für die Natur in die Gärten zu setzen war damals bereits allgemein üblich. Der Berg des Langen Lebens hatte mehr als 10 li Umfang; sein Hauptgipfel, der Heilige Berg des Nordostens, war 90 Doppelschritt (1 Doppelschritt, bu, entsprach etwa 1,5 m) hoch. Östlich und westlich lagen Nebenberge, am Fuß pflanzte man auf der Ostseite viele Pflaumenbäume, es gab eine ländliche Szenerie und Gräben, Teiche und andere Elemente einer natürlichen Landschaft sowie einige Bauten. All dies macht deutlich, daß die Bedeutung der künstlich geschaffenen Landschaftsszenerie in den kaiserlichen Parks zu jener Zeit gestiegen war und die Technik der Anlage von Bergen große Fortschritte gemacht hatte.

Unter den Dynastien Liao, Jin, Yuan und Ming entstanden nur wenige kaiserliche Parks, in der Hauptsache der Westpark (Xiyuan) in der Hauptstadt Peking (die heutigen Nordmeer-, Mittelmeer- und Südmeer-Parks – Beihai, Zhonghai und Nanhai). In der Qing-Zeit gab es dann wieder einen Höhepunkt in der Anlage von kaiserlichen Parks. Ihre verschiedenen Typen nahmen jetzt auch an Zahl allmählich zu. In der Purpurnen Verbotenen Stadt, dem Pekinger Kaiserpalast, stammen aus dieser Zeit vier kleine Gärten: der Kaiserliche Garten (Yuhuayuan), der Garten des Palasts der Errichtung des Glücks (Jianfugong huayuan), der Garten des Palastes der Gütigen Ruhe (Cininggong huayuan) und der Garten des Kaisers Qianlong (Qianlong huayuan). Innerhalb der Kaiserstadt (Huangcheng) wurde der Park der Drei Meere (Sanhai: Nordmeer-, Mittelmeer- und Südmeer-Park) erweitert. Außerdem entstanden im westlichen Außenbezirk der Park der Vollendeten Klarheit (Yuanmingyuan), der Park des Unbeschwerten Frühlings (Changchunyuan), der Park der Klaren Wellen (Qingyiyuan), der Park der Ruhigen Klarheit (Jingmingyuan) und der Park des Ruhigen Genügens (Jingyiyuan). Schließlich wurde in Chengde, etwas über 200 km nordöstlich von Peking, die Kaiserliche Sommerresidenz (Bishu shanzhuang) erbaut. Alle diese Parks befriedigten das Bedürfnis der Herrschenden, an verschiedenen Orten und zu verschiedenen Zeiten stets dem Vergnügen nachgehen zu können.

Die Qing-Zeit stellt die Periode der Vollendung der alten chinesischen Gartenkunst dar. Die vielen Reisen der Kaiser Kangxi und Qianlong nach dem Süden bewirkten, daß zwischen der Gartenkunst des Südens und des Nordens ein Austausch stattfand. Unter den kaiserlichen Parks der Qing-Dynastie sollte als gewaltigster und vollkommenster an erster Stelle der Park der

Vollendeten Klarheit erwähnt werden, der auch »Park der Zehntausend Parks« genannt wird. Er lag in einem nordwestlichen Außenbezirk von Peking. Mit dem Bau dieses Landschaftsparks, der gänzlich in ebenem Gelände angelegt wurde, wurde 1709 begonnen. Er bestand aus mehreren Dutzend Szeneriegebieten, deren jedes eine unabhängige Baugruppe war. Mit der Vielzahl seiner Palastbauten und der Vielfalt im Wechsel der Landschaftsszenerien war er einmalig. 1860 wurde der Park der Vollendeten Klarheit von den vereinten Truppen Englands und Frankreichs im Gefolge des zweiten Opiumkrieges völlig zerstört, was für die chinesische Gartenkunst einen unermeßlichen Verlust bedeutet.

Betrachtet man die zweitausendjährige Entwicklung der kaiserlichen Parks Chinas im Überblick, so stellt man leicht die Ausbildung bestimmter Schemata fest. In ihrer Anlage weisen sie gewöhnlich eine klare Gliederung in verschiedene Zonen auf, wozu ein Teil gehört, der für die Abwicklung der Regierungsangelegenheiten vorgesehen ist, ein Teil, der dem Alltagsleben und dem Wohnen dient, und ein Teil, der nur dem Betrachten und dem Vergnügen vorbehalten ist. Die kaiserlichen Parks der Qing-Zeit bezogen noch einige Tempelbauten ein, worin sich ein starkes religiöses Kolorit offenbart; damit propagierten die Herrscher den Gedanken, die kaiserliche Macht genieße göttlichen Schutz. Allgemein dominieren im künstlerischen Stil der kaiserlichen Parks Würde und Pracht, man strebt nach Wandel innerhalb des Regelmäßigen und nach Vornehmheit innerhalb des Prächtigen. In einem langen Entwicklungsprozeß veränderte sich mit dem sozialökonomischen und technischen Fortschritt und unter dem Einfluß anderer Künste auch der künstlerische Geschmack der herrschenden Klasse. Daher wandelte sich der Gartenstil allmählich von dem Park mit dichten und feierlichen Palastbauten zum Park mit natürlichen Landschaftsformen.

Da die Gebäude im Park einen äußerst wichtigen Platz einnehmen, weist die Anordnung der Baugruppen im kaiserlichen Park gegenüber anderen Anlagen die stärksten Besonderheiten auf. Die Benutzung von Nord-Süd-Achsen zur Anordnung der Höfe und Bauten ist eine alte chinesische Tradition. Auch in den kaiserlichen Parks benutzt man diese Methode. So liegen die wichtigsten Bauten gewöhnlich an einer solchen Nord-Süd-Achse, während die weniger wichtigen Baugruppen unterschiedlicher Größe und unterschiedlicher Funktion an anderen, untergeordneten Achsen plaziert werden. Diese untergeordneten Baugruppen werden in der natürlichen Landschaft so verteilt, daß eine symmetrische, ausgeglichene Struktur entsteht und diese Bauten dabei mit den Hauptbaugruppen in Kontrast treten oder diese untermalen. Jede Baugruppe ist einerseits ein abgeschlossener, nach innen gerichteter Hofanlagenraum und andererseits ein unabhängiges Ganzes innerhalb der natürlichen Landschaft. Der ganze Park ist eine aus künstlichen und aus natürlichen Elementen zusammengefügte, wechselnd in Erscheinung tretende rhythmisch gegliederte Landschaft.

Die Gebäude in den alten chinesischen kaiserlichen Parks sind nicht so ernst und gleichmäßig wie die Palastgebäude, ihre Formgebung und ihre Zusammensetzung in der Fläche sind verhältnismäßig frei. Gewöhnlich benutzt man kein Walmdach (wudianding), da es in der Rangordnung der Dachformen die höchste und würdevollste Stufe einnimmt. Ebenso sind gelbe Glasurziegel nur den wichtigsten Gebäuden vorbehalten – für die meisten Bauten verwendet man graue Dachziegel. Die grundlegende Farbkomposition eines Parks setzt sich aus dem Grün der Bäume, dem Rot der Säulen und dem Grau der Dächer zusammen. Die ganze Atmosphäre ist hell, prächtig und vornehm. Farbige Bilder sind eine Besonderheit der Bauten eines kaiserlichen Parks. Um einen Effekt von Leichtigkeit und Lebhaftigkeit zu erzielen, benutzt man nicht die farbige Malerei im Hexi-Stil mit ihren strengen Mustern und ihrer schweren Farbgebung, sondern die farbige Malerei im Stil von Suzhou mit ihren Darstellungen von Landschaften, von figürlichen Szenen und von Blumen.

Da die Ausmaße der kaiserlichen Parks gewöhnlich sehr groß sind, erreichen auch die künstlichen Wasser- oder Felsanlagen beträchtliche Dimensionen. Felsen und Wasser sind das Gerippe eines Parks, sie bestimmen die Konturen und die Form des Grundrisses der ganzen Anlage. Künstliche Berge mit immergrünen Gehölzen bilden den Hintergrund des Parks. Sie werden nach den Theorien der Landschaftsmalerei entworfen. Im Wasser werden gewöhnlich Inseln angelegt, eine Weiterentwicklung des alten Anlageschemas »Ein Teich und drei Berge«, das jedoch zur Ming- und Qing-Zeit nicht mehr streng beachtet wurde.

Erlesene architektonische Kleinelemente von hohem künstlerischem Wert wie Pagoden (ta), Schmucktore (pailou), Geländer (lan'gan), steinerne Stelen (shibei), Tierskulpturen (shoudiao), »Schattenmauern« (yingbi) und steinerne Brücken (shiqiao) sind ebenfalls eine Besonderheit der kaiserlichen Parks. Diese Kleinelemente sind künstlerische Werke von erlesener Formgebung und feinster Arbeit und im Park ein Mittel zum Schmuck der Szenerie, zum Abschluß des Raumes und zur Schaffung von Gegenpolen. Sie geben einem Park zusätzlichen Reiz.

Die alten kaiserlichen Parks, die man heute besichtigen kann, sind der Pekinger Nordmeer-Park, der Kaiserliche Sommerpalast, der Kaiserliche Garten im Pekinger Kaiserpalast, die Kaiserliche Sommerresidenz in Chengde und der Teich der Blühenden Klarheit in Lintong in der Provinz Shaanxi. Sie verkörpern die drei Typen des Gartens innerhalb des Kaiserpalastes, des Parks in der Nähe der Hauptstadt und der weit von der Hauptstadt entfernten Sommerresidenz. Sie alle haben sehr hohes künstlerisches Niveau.

Private Gärten

Private Gärten traten im alten China etwas später in Erscheinung als kaiserliche Parks. Man beobachtet sie zum ersten Male zur Zeit der Han-Dynastie, und in späteren Perioden wurden sie allmählich weiterentwickelt. Zur Ming- und Qing-Zeit war es allgemein verbreitet, private Gärten anzulegen, wobei die Verbindung von Gartenkunst mit Literatur und Malerei ständig enger wurde und ein sehr hohes Niveau erreichte. Die aus dieser Zeit stammenden Gärten von Suzhou finden allgemeines Interesse und sind im Inland wie im Ausland als die strahlenden Perlen der altchinesischen Gartenkunst berühmt.

Über private Gärten der Han-Zeit erfahren wir aus dem Schrifttum lediglich, daß der reiche Magnat Yuan Guanghan in Luoyang einen Garten mit einem Wohnhaus anlegen ließ, der eine Fläche von etwa drei Hektar einnahm und in dem es gewundene Gänge, mehrgeschossige Gebäude, Felsen und Teiche gab. In der Wei- und Jin-Periode befanden sich hinter den Wohnhäusern der Aristokraten meist Gärten mit aufgeschütteten Hügeln, künstlich ausgehobenen Teichen und weiteren Baulichkeiten: Die Gartenkunst war inzwischen weiter vorangeschritten. Berühmt waren vor allem die Gärten Hualinyuan, Zhanglunyuan und Xiangdongyuan in Luoyang. In dieser Periode entwickelte sich besonders die Technik des Auftürmens von künstlichen Bergen mit holprigen Steinpfaden. Großen Einfluß hatte die Tatsache, daß manche Aristokraten und Literaten ihr Herz an die Landschaft hingen, sich nach einem Leben in Abgeschiedenheit sehnten und bei der Gestaltung ihrer privaten Gärten einen auf Natürlichkeit abzielenden Stil verfolgten.

Die Mächtigen der Sui- und Tang-Periode knüpften bei der Anlage ihrer Wohnanwesen an die Traditionen der Nord- und Süd-Dynastien an. Auf Grund der wirtschaftlichen Blüte und des Anwachsens der privaten Finanzkraft vergrößerten sich auch die Ausmaße der privaten Gärten. Gleichzeitig war die Tang-Dynastie eine Blütezeit der Dichtung. Das romantische Denken verband sich mit der Gartenkunst und gab ihr eine große Lebenskraft. Viele Dichter liebten die Landschaft so sehr, daß sie sich einfache Landhäuser mit Gärten bauten. Das »Gut von Wangchuan« des berühmten Dichters Wang Wei (699–759) war der bekannteste private Garten dieser Periode. Hierfür hatte er das landschaftlich wunderschöne Gebiet am Fuße des Zhongnanshan-Gebirges gewählt. Den Garten legte er so an, daß die natürlichen Bodenformen nur leicht bearbeitet und geschmückt werden mußten und er wie eine Landschaftsmalerei in freier Pinseltech-

nik wirkte. Der Eigentümer fand für die verschiedenen Szenerien einige sehr poetische Namen wie »Weiden-Wellen« (Liulang), »»Ah!«-See« (Yihu) oder »Haus der gemusterten Aprikosen« (Wenxingguan). Dieser Garten eröffnete die Reihe der »Literaten-Gärten«. Er war das Produkt der geschickten Verbindung von Natur und künstlicher Gestaltung und übte auf die Gartengestaltung späterer Zeiten einen sehr großen Einfluß aus.

Infolge der Weiterentwicklung von Handwerk und Handel nahm die Bevölkerungskonzentration in der Song-Zeit zu, die Städte wuchsen und wurden zahlreicher. Damals waren die Östliche Hauptstadt Kaifeng und die Westliche Hauptstadt Luoyang die größten blühenden Städte. Um sowohl die städtische Bequemlichkeit als auch den Reiz der Natur genießen zu können, behielten einige Aristokraten und reiche Kaufleute den Brauch bei, neben ihren Häusern Gärten anzulegen, und entwickelten ihn sogar weiter, woraus die sogenannten »Berge und Wälder in der Stadt« (Chengshi shanlin) hervorgingen. Nach alten Aufzeichnungen gab es damals in Luoyang mehr als tausend große Wohnanwesen und nicht weniger als über zwanzig berühmte Gärten, und auch in Kaifeng zählte man über zehn berühmte private Gärten. Sie hatten im allgemeinen verhältnismäßig große Ausmaße, es wuchsen in reichem Maße Blumen und Bäume darin, es gab Teiche und Bambushaine, hohe Pavillons und große Hütten sowie künstliche Berge. Damals konzentrierten sich im Süden die privaten Gärten vor allem in Pingjiang (heute Suzhou), Wuxing und Lin'an (heute Hangzhou). Auch die Bauwerke in den Gärten nahmen an Zahl zu. In der künstlerischen Anlage legte man besonderen Wert auf das »Gegenüberstellen von Szenerien« (duijing) und das »Borgen von Szenerien« (jiejing), um das Blickfeld zu vergrößern. Die Hochschätzung von Steinen war allgemeine Mode, und oft setzte man in die Gärten auch einzelne Felsbrocken und absonderliche Grate, ähnlich wie man in den europäischen Gärten Statuen aufstellt. So nahmen die künstlichen Elemente zu, und sie wurden im Vergleich zu den früheren Perioden kunstvoller.

Da die Dynastien Liao, Jin, Yuan, Ming und Qing alle Peking als Hauptstadt wählten, konzentrierten sich hier die hohen Beamten und Aristokraten, was die Entwicklung der Pekinger Gärten vorantrieb. Zur Ming-Zeit gab es innerhalb und am Rande Pekings über zwanzig berühmte private Gärten, von denen der Weinkeller-Garten (Shaoyuan) des Mi Wanzhong (gest. 1628) am bedeutendsten war. In der Qing-Dynastie setzte sich diese

Entwicklung weiter fort. Von den knapp sechzig berühmten privaten Gärten dieser Zeit existieren heute allerdings nur noch sehr wenige, darunter der Wohnsitz des Prinzen Gong (Gong wang fu), der »Kann«-Garten (Keyuan), der Wohnsitz von Na Tong (Na Tong fu) und der Wohnsitz des Liu Yong (Liu Yong zhaidi), weil die meisten Gärten häufig ihre Besitzer wechselten, lange Zeit nicht gepflegt oder zu anderen Zwecken verwendet wurden.

Heute konzentrieren sich die privaten Gärten Südchinas in den Städten südlich vom Changjiang (Yangtsekiang), die sich seinerzeit durch wirtschaftliche Blüte, ein warmes Klima, verkehrsgünstige Lage und kulturelle Entwicklung auszeichneten und von denen Yangzhou, Nanjing, Suzhou, Jiaxing und Hangzhou am berühmtesten sind. Yangzhou erlebte zu Beginn der Qing-Zeit wegen seiner Lage an einem der Knotenpunkte des Nord-Süd-Verkehrs und wegen der Profite, die es aus dem Salzhandel zog, zeitweilig eine Blüteperiode, während derer sich reiche Händler und Kaufleute, Literaten und Ästheten hier in Scharen einfanden. Da der Kaiser Qianlong auf seinen Reisen in den Süden mehrfach Yangzhou besuchte, wetteiferten sie darin, private Gärten anzulegen, und wenn sie es schafften, daß der Kaiser ihre Gärten aufsuchte oder einen Vers über sie machte, dann bedeutete dies eine unermeßliche Steigerung ihres Ansehens. Besonders um den Schlanken Westsee (Shouxihu) herum entstanden zahlreiche Gärten, die in der Wahl des Ortes und der Anlage aufeinander bezogen und von einer einmaligen Atmosphäre erfüllt waren. Diese Gärten dienten im allgemeinen nicht dem Wohnen, sondern waren Stätten, an denen der Besitzer Feste veranstaltete, Gäste empfing, sich mit Dichtung vergnügte oder ausruhte. An den Vormittagen waren sie für das Publikum geöffnet. Damals gab es in Yangzhou mehr als hundert solcher Gärten, von denen die Acht Großen Gärten (Ba da yuanlin) – der Schattengarten (Yingyuan), der Garten des Wang Xima, der Garten der Lust (Bianyuan), der Runde Garten (Yuanyuan), der Ostgarten (Dongyuan), der Garten des Reizenden Frühlings (Yechunyuan), der Südgarten (Nanyuan) und der Garten des Dünnen Bambus (Xiaoyuan) – am bekanntesten waren. Die Gärten von Yangzhou sind seit alters her wegen ihrer Felskompositionen berühmt. Zur Zeit ihrer Hochblüte waren in jedem Garten Wasserläufe und Felsszenerien zu finden, und überall gab es mehrgeschossige Häuser an Wasserläufen. Seit der Periode Daoguang der Qing-Dynastie aber verfiel das einst so lebenslustige und blü-

hende Yangzhou ziemlich rasch, und auch die Gartenkunst verarmte. Die Reste privater Gärten, die heute noch erhalten sind, kann man zwar an den Fingern abzählen, doch geben sie uns durchaus noch eine Vorstellung davon, wie es zur Zeit ihrer Hochblüte hier ausgesehen haben mag.

Die privaten Gärten von Suzhou haben eine verhältnismäßig lange Geschichte, die sich bis zur Zeit der Fünf Dynastien zurückverfolgen läßt. Seit der Mitte der Qing-Zeit erlebten die Gärten von Suzhou eine große Entwicklung. Auf Grund des hohen Niveaus von Handwerk und Handel in Suzhou und der Schönheit der natürlichen Umgebung versammelten sich auch hier Dichter und Maler in großer Zahl, so daß Suzhou eine der reichsten Städte im Gebiet südlich des Changjiang wurde. Beamte und reiche Kaufleute konzentrierten den größten Teil des Bodens in ihrem Besitz und wetteiferten miteinander in der Anlage von Gärten, die als Stätten des Genießens und der Beschäftigung mit Dichtung und Malerei dienten, als Stätten der Pflege eines kultivierten Lebensstils und als Ruhesitz für die Jahre des Alters. Suzhou hat die günstigsten Naturbedingungen, die Stadt ist durchzogen von Flußläufen, es gibt zahlreiche Wasserquellen, und der Transport ist einfach. In der Nähe von Suzhou werden Steine gebrochen, und die Pflanzenwelt ist reichhaltig – all dies förderte in großem Maße die Entwicklung der Gartenkunst. Die alten Privatgärten, die heute noch in Suzhou existieren, sind die berühmtesten des ganzen Landes und zugleich die mit dem höchsten künstlerischen Niveau. Am bekanntesten sind der Garten der Politik des Einfachen Mannes (Zhuozhengyuan), der Garten des Verweilens (Liuyuan), der Garten des Meisters der Netze (Wangshiyuan), der Löwenwald (Shizilin) und der Pavillon »Wassergrün« (Canglangting). Ihr Stil zeichnet sich durch Verwinkeltheit, Tiefe, Vielgestaltigkeit und Assoziationen von Dichtung und Malerei aus. Zugleich übten sie einen großen Einfluß auf die Gärten in den anderen Gebieten Chinas aus. Die Formgebung der Bauten in den Gärten von Suzhou ist elegant, die skulptierten Schmuckelemente sind fein gearbeitet, Felsen, Wasserläufe und Pflanzen geschickt zueinander gesetzt, und in der künstlerischen Gestaltung des »Fast wie die natürlichen Berge und Wälder« (Zhichi shanlin) wurde hier das höchste Niveau erreicht.

Die privaten Gärten des Gebietes südlich vom Changjiang liegen meist hinter oder neben den Wohnhäusern. Der dem Wohnen dienende Teil der Anwesen hat eine klare Achse, auf der die

Hallen und Höfe hintereinander angeordnet sind. In den Gärten wird die Achse ersetzt durch eine Anlageweise, die zugleich asymmetrisch und ausgewogen ist, so daß ein klarer Kontrast zum Wohnbereich entsteht.

In der Anlage der Gärten gibt es im allgemeinen einen großen Hauptfreiraum, in dem die Hauptszenerie gestaltet wird und in dem die dem Betrachten dieser Szenerie dienenden Hauptbauten errichtet werden. In der Umgebung des Hauptfreiraums befinden sich oft mehrere Nebenfreiräume von unterschiedlicher Größe, die durch Gänge oder Wände von dem Hauptfreiraum getrennt sind, aber durch Fenster- oder Türöffnungen optisch mit ihm verbunden bleiben. Innerhalb des Hauptfreiraums von großen Gärten können auch durch Bauten, Pflanzen oder Felsen mehrere ineinandergesetzte Räume abgeteilt werden, so daß die Szenerien noch mehr an Tiefe und Verwinkeltheit gewinnen.

Die Hauptgebäude eines Gartens, die gewöhnlich zum Empfang von Gästen oder zur Veranstaltung von Festen dienen, sind oft als Hallen gestaltet, die am Wasser liegen oder auf allen vier Seiten offen sind, um die Szenerie auf allen Seiten genießen zu können. Hauptobjekte der Betrachtung sind Felsen und Wasser. Bei der Gestaltung von Felsen und Wasser bildet die Malerei die Grundlage, wobei man sich natürlich nach dem Geschmack des Eigentümers und nach den Besonderheiten der ursprünglichen Bodenform richtet. Verhältnismäßig große künstliche Berge werden gewöhnlich aus Erde und Steinen aufgehäuft. Dabei ahmt man natürliche Berg- oder Felsformen nach und gestaltet Grate, Kämme, Höhlen und Schluchten. Außerdem werden gewundene Pfade angelegt, auf denen man den Berg besteigen kann. Kleine künstliche Felsen werden nur aus Stein angelegt – sie dienen in kleineren Gärten der genußvollen Betrachtung. Die Teiche weisen meist eine frei gestaltete Naturform auf. Die Ufer werden gewöhnlich durch mit Felsbrocken gestaltete Zickzacklinien belebt – ein deutlicher Einfluß der chinesischen Landschaftsmalerei. Doch oft benutzt man auch die Plattformen, auf denen die Gebäude stehen, oder freie Terrassen, um ein künstliches gerades Teichufer zu schaffen, das mit der unregelmäßigen Form der natürlichen Linie kontrastiert. Die Wasserfläche des Teichs wird gern durch Brücken, über dem Wasser stehende Bauten oder durch Felsen gegliedert, wodurch ein Gefühl von endloser Tiefe oder Ferne erzeugt wird. Die Ufer erscheinen selten bepflanzt, doch in das Wasser, das von außen hereingeleitet wird und in Windungen durch die unterschiedlichen Räume des Gartens und wieder hinaus fließt, setzt man oft Lotosblumen, Teichlinsen oder andere Wasserpflanzen. Gewöhnlich sind die Wasserflächen still; die kopfstehenden Spiegelbilder geben nicht nur das Gefühl eines erweiterten Raumes, sondern vermitteln dem Garten eine erhabene, ruhige Stimmung.

In den privaten Gärten des Gebietes südlich vom Changjiang nehmen die Gebäude einen verhältnismäßig großen Platz ein. Grundrisse und Gestaltung haben die vielfältigsten Formen, ihre allgemeinen Merkmale sind Leichtigkeit, Freiheit und Lebhaftigkeit. Meist benutzt man gewinkelte Gänge, um verschiedene Gebäude zu einem organischen Ganzen zu verbinden, die aber auch beim Umhergehen im Garten Schutz vor Wind, Regen oder Sonnenschein bieten. Die überaus reichen Konturen, die aus der Zusammenfügung von Gebäuden, Pflanzen und Steinen entstehen, sind ein wichtiges Charakteristikum der Gartenkunst dieses Gebietes.

Offene Fenster- und Türdurchbrüche in wechselnder Gestalt und in feinster Formgebung, sich schlängelnde Mauern auf an- oder absteigendem Boden, Flächen mit verschiedensten aus natürlichen Steinen eingelegten Mustern, paarige senkrechte Schrifttafeln und waagerechte Namensschilder mit erhabenem Sinngehalt, elegante oder altehrwürdige Möblierung der Innenräume, Geländer mit erlesenem Schnitzwerk und in klarer Formgebung, Terrassen und andere architektonische Kleinelemente – all dies ist immer wieder und überall äußerst reizvoll.

Natürliche Landschaftsparks und Tempelanlagen

China besitzt sehr viele Naturlandschaften mit alter Geschichte und von bezaubernder Schönheit. Einige von ihnen liegen dicht bei Städten oder an anderen verkehrsgünstigen Punkten, so daß sie leicht zu erschließen waren. So entstanden in diesen natürlichen Landschaften viele Parks. Sie unterscheiden sich von den bisher behandelten beiden Arten von Gärten, in denen die künstliche Anlage das Bestimmende ist, aber auch von dem landschaftlichen Ausflugsgebiet, in dem die natürliche Schönheit der Landschaft dominiert. Es handelt sich vielmehr um Parks, in denen die Natur die Grundlage ist und künstlich geschaffener Schmuck das Ergänzende, also um eine Verbindung von Künstlichem und Natürlichem – so wie bei einem natürlichen Edelstein ein Teil vom Juwelier sorgfältig geschliffen ist.

Im Unterschied zu den kaiserlichen Parks und den privaten Gärten waren die alten natürlichen Landschaftsparks Erholungsgebiete mit öffentlichem Charakter. Das Landschaftsgebiet des Gewundenen Stroms (Qujiang) im Südostteil der Hauptstadt der Tang-Dynastie, Chang'an, war vielleicht ein verhältnismäßig frühes Beispiel dieser Art. Historischen Aufzeichnungen zufolge war der Gewundene Strom überaus lieblich. In seiner Umgebung standen daoistische Tempel, Wasserhäuser, Paläste, Klausen, mehrgeschossige Gebäude und Pavillons. Er wurde vom einfachen Volk wie vom Adel besucht, und sogar die Kaiser suchten diesen Park auf, um sich zu ergötzen.

Die natürlichen Landschaftsparks sind berühmte Ausflugsgebiete, in denen eine von Natur aus vorhandene schöne Umgebung allmählich weiterentwickelt und bebaut wurde. Früher nannte man solche Stellen »Szenerie« (jing) und fand für sie oft Namen von reichem poetischem Gehalt. Innerhalb eines natürlichen Landschaftsgebietes gibt es viele »Szenerien«, wie die 10 Szenerien am Westsee in Hangzhou, die 24 Szenerien am Schlanken Westsee in Yangzhou, die 60 Szenerien, die es früher im Tal des Fürsten Yu (Yugonggu) in Wuxi gab, oder die 8 Szenerien am See der Großen Klarheit in Ji'nan. Solche Szenerien bestehen oft aus Parkbauten, die an landschaftlich schönen oder merkwürdigen Punkten wie natürlichen Höhlen, Quellen, Wasserfällen oder Aussichtspunkten geschaffen wurden. Anlage und Entwurf der Bauten haben das Ziel, die natürliche Umgebung und die Besonderheit der Landschaft zu betonen. Dabei folgt man keinem bestimmten Schema: Man kann an eine Höhle einen Pavillon setzen, ein Haus an einen Steilhang bauen oder an einer Quelle einen Teich anlegen.

Viele Tempel und Gedenkhallen des alten China wurden oft auch in einer natürlichen Umgebung mit schöner Landschaft erbaut und bilden somit ein wesentliches Element bei der Formierung einiger Landschaftsgebiete. Von den Tempeln und Gedenkhallen in den Städten haben nur wenige einen Garten, doch wurden diejenigen in natürlichen Landschaftsgebieten rasch zu Stätten für Ausflug und Erholung.

Die Entwicklung der natürlichen Landschaftsparks ist untrennbar mit vielen berühmten historischen Persönlichkeiten, Dichtern und Malern verbunden, die in einigen Landschaftsparks ihre Spuren hinterlassen haben, wenn sie nicht selber ihre Begründer waren. Betrachter späterer Zeiten haben zur Erinnerung oder aus Verehrung von ihnen hinterlassene Texte oder Kalligraphien in Form von Steleninschriften, Aufschriften auf Tafeln oder an Pavillons in die Parks hineingebracht und sie bereichert. Dies verstärkt das Interesse am Besuch des Parks, regt zum Rückblick auf die Geschichte an und fördert das Geschichtsbewußtsein. Als Beispiele seien genannt: die Steininschrift »Vorwort zur Sammlung vom Orchideenpavillon« (Lantingjixu) von Wang Xizhi (303–379) am Luohan-Pavillon im Tal des Fürsten Yu in Wuxi, die »Inschrift für den Jin-Gedenktempel mit Vorwort« (Jinci zhi ming bing xu) in der Handschrift von Li Shimin (dem Tang-Kaiser Taizong, reg. 627–649) im Jin-Gedenktempel (Jinci) in Taiyuan und das Grab des Nationalhelden der Süd-Song-Zeit Yue Fei (Yuefen) am Westsee in Hangzhou. Fast in jedem alten Landschaftspark sind wertvolle historische Kulturdenkmäler erhalten.

Mit den alten Landschaftsparks sind oft auch interessante Sagen und Legenden verbunden, von denen manche schon Jahrhunderte oder gar Jahrtausende überliefert werden. Wenn die Besucher sich an der Landschaft ergötzen, können sie an diese Geschichten denken und die Stellen aufsuchen, wo diese Geschichten entstanden sind oder wo sie spielen, was dem Park einen Anstrich von Hintergründigem gibt. So haben die Höhle des Dharma-Meers (Fahaidong) und die Höhle des Weißen Drachens (Bailongdong) im Goldberg (Jinshan) in Zhenjiang mit den Stellen zu tun, an denen sich die Geschichte von der Weißen Schlange (Baishezhuan) und vom Wasser, das den Goldberg überflutete (Shui man jinshan), abspielen; den legendären Hintergrund des Mochou-Sees (Mochouhu) in Nanjing bildet die bewegende Geschichte von einem einfachen Mädchen, das hier vor 1400 Jahren lebte; die Duan-Brücke (Duanqiao) und die Stelle

»Tigerrennen« (Hupao) am Westsee in Hangzhou haben ebenfalls mit Sagen zu tun.

Die natürlichen Landschaftsparks waren öffentliche Plätze, an denen auch die einfachen Leute Zerstreuung und Erholung fanden. Besuche solcher Parklandschaften waren oft mit periodischen Opferfeiern, Tempelfesten, kulturellen Darbietungen und Märkten verbunden. So kam es, daß jedes Jahr in der warmen Jahreszeit traditionelle Vergnügungen mit Massencharakter stattfanden. Dies ist eine weitere Besonderheit in der Entwicklung der natürlichen Landschaftsparks. Einige alte Traditionen dieser Art haben sich sogar bis heute erhalten, wie z. B. das Tempelfest im Jin-Gedenktempel in Taiyuan, das jedes Jahr vom 2. bis 4. Tag des 7. Monats (nach dem Mondkalender) stattfindet, oder das Tempelfest der Buddhawaschung, das vom 1. bis 10. Tag des 4. Monats im Berg der Fünf Quellen in Lanzhou durchgeführt wird.

Die natürlichen Landschaftsparks haben sich über eine lange Zeit allmählich entwickelt. Sie sind nicht wie die zuvor behandelten beiden Typen von Gärten nach einem kompletten Entwurf angelegt worden. Daher können wir vielfach in ein und demselben Landschaftspark Parkbauten aus unterschiedlichen Perioden und in unterschiedlichem künstlerischem Stil sehen. Die Bauwerke bestehen meist aus Material, das an Ort und Stelle gewonnen wurde. Daher sind sie nicht so erlesen und verfeinert wie die Bauten in den kaiserlichen Parks oder den privaten Gärten, geben aber ein Gefühl von Schlichtheit und Einfachheit.

Der öffentliche Charakter der natürlichen Landschaftsparks bringt es mit sich, daß es Schwierigkeiten bei ihrer Erhaltung gab. Oft sind sie im Gefolge des Wechsels von Herrscherdynastien verschwunden. Die natürlichen Landschaftsparks, die wir heute noch sehen können, stammen zum größten Teil aus der Qing-Dynastie. Viele von ihnen wurden nach der Gründung der Volksrepublik China restauriert und rekonstruiert.

Zeittafel

Die nachstehende Tabelle enthält die im Text erwähnten Dynastien, Herrscher und Regierungsperioden.

Shang-Yin-Dynastie	16.–11. Jh. v. Chr.
Zhou-Dynastie	11. Jh.–256 v. Chr.
König You	781–771 v. Chr.
Qin-Dynastie	221–207 v. Chr.
Kaiser Shihuangdi	221–210 v. Chr.
Han-Dynastie	206 v. Chr. bis 220 n. Chr.
Kaiser Gaozu	206–195 v. Chr.
Kaiser Wudi	140– 87 v. Chr.
Drei Reiche	220–280 n. Chr.
Wei	220–265
Kaiser Wendi	220–226
Shu-Han	221–263
Sechs Dynastien	222–589
Jin-Dynastie	265–420
West-Jin	265–316
Ost-Jin	317–420
Spätere Yan-Dynastie	384–407
Nord- und Süd-Dynastien	420–589
Nord-Wei-Dynastie	386–534
Süd-Song-Dynastie	420–479
Kaiser Wendi	424–453
Süd-Qi-Dynastie	480–502
Liang-Dynastie	502–557
Kaiser Wudi	502–549
Nord-Qi-Dynastie	561–577
Sui-Dynastie	581–618
Kaiser Yangdi	605–617
Tang-Dynastie	618–907
Kaiser Taizong	627–649
Kaiser Xuanzong	712–756
Fünf Dynastien	907–979
Wu-Yue-Dynastie	907–978
Song-Dynastie	960–1279
Nord-Song	960–1127
Kaiser Huizong	1101–1125
Süd-Song	1127–1279
Liao-Dynastie	916–1125
Dschurdschen-Dynastie Jin	1115–1234
Kaiser Shizong	1161–1189
Periode Taihe	1201–1208
Yuan-Dynastie	1279–1368
Kaiser Kubilai (Shizu)	1279–1294
Periode Zhizheng	1341–1368
Ming-Dynastie	1368–1644
Kaiser Taizu (Zhu Yuanzhang), Periode Hongwu	1368–1398
Perioden Zhengde	1506–1521
Jiajing	1522–1566
Wanli	1573–1620
Qing-Dynastie	1644–1911
Perioden (Kaiser) Kangxi	1662–1722
Yongzheng	1723–1735
Qianlong	1736–1795
Daoguang	1821–1850
Xianfeng	1851–1861
Tongzhi	1862–1874
Guangxu	1875–1908
Taiping Tianguo (Taiping-Aufstand)	1851–1864
Republik China	1911–1949
Volksrepublik China	seit 1949

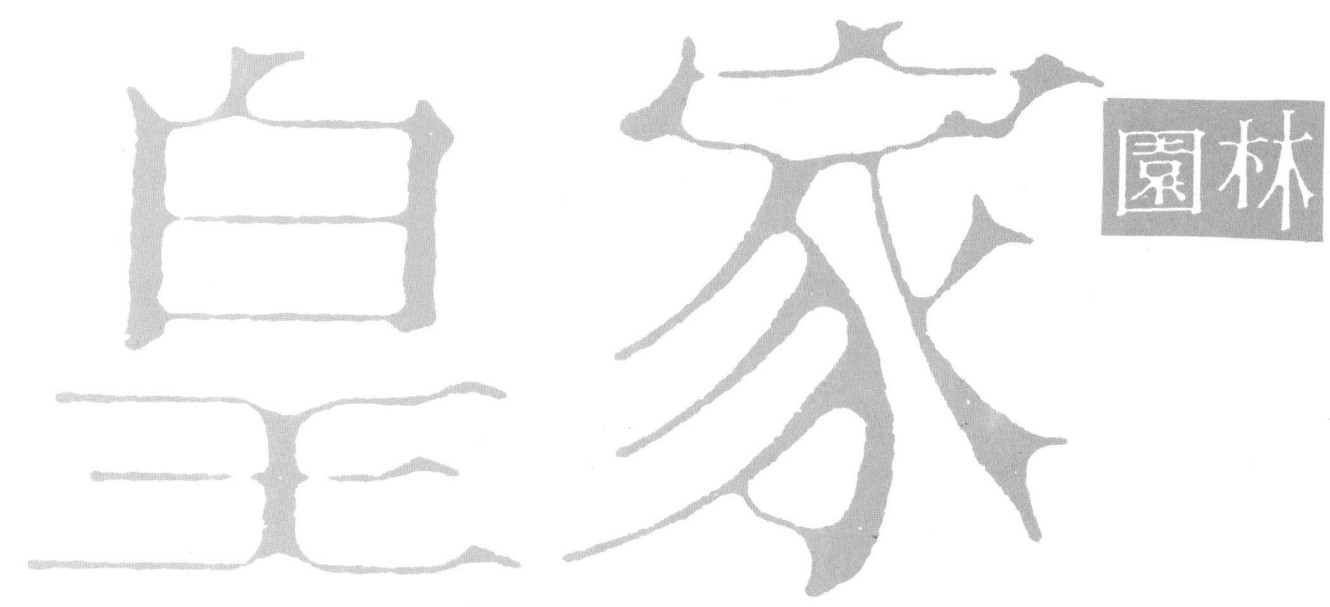

Der Nordmeer-Park in Peking

Der Nordmeer-Park (Beihai) liegt westlich vom Kaiserpalast und dem Landschaftshügel (Jingshan). Von der Dschurdschen-Dynastie Jin bis zur Ming- und Qing-Zeit war er Teil der Verbotenen Stadt. Im Jahre 1179 ließ der Jin-Kaiser Shizong auf der Insel der Jadenen Blüten (Qionghuadao) einen Sommerpalast errichten, bizarre Steine vom »Heiligen Berg des Nordostens« (Genyue) hierhertransportieren und auf dem höchsten Punkt der Insel die Halle der Weiten Kühle (Guanghandian – Name eines Mondpalastes) erbauen. Kaiser Kubilai nahm im Jahre 1260 die Halle der Weiten Kühle zur Wohnung, wobei er den Berg in »Berg der Zehntausend Jahre« (Wansuishan) und den Teich in Taiyichi umbenannte. Die Insel der Jadenen Blüten machte er zum Zentrum der neu zu bauenden Yuan-Hauptstadt Dadu. 1651 wurde die Halle der Weiten Kühle abgerissen und an ihrer Stelle die lamaistische Weiße Pagode erbaut. Hierzu kam am Südhang des Berges der Tempel der Ewigen Ruhe (Yongansi). In der Zeit des Kaisers Qianlong führte man umfangreiche Erweiterungsbauten durch – die heutigen Bauten stammen zum großen Teil aus dieser Zeit.

In der Anlage bildet die Weiße Pagode den Mittelpunkt und die Insel der Jadenen Blüten selbst den von allen Seiten sichtbaren Hauptblickpunkt. Wenn man von der Spitze ihres über 30 Meter hohen Berges hinabblickt, bieten die mit bunten Glasurziegeln gedeckten Dächer einen prachtvollen Anblick. Westlich vom Tempel der Ewigen Ruhe liegt die Halle der Freude des Herzens (Yuexindian), wo die Qing-Kaiser außen- und innenpolitische Angelegenheiten erledigten. Dahinter befindet sich auf halber Höhe des Berges der Turm der Freudigen Wolken (Qingxiaolou), eine Stelle, von der aus man im Winter den Eisläufern zusah. Am Westhang des Berges liegen die Halle des Jadeglanzes (Linguangdian) und der Turm der Betrachtung des Alten (Yuegulou). Hier wird eine Steingravur der »Kalligraphischen Vorlagen der Halle der Drei Hochschätzungen« (Sanxitang fatie, eine Sammlung kalligraphischer Vorlagen, die vom Kaiser Qianlong besonders geschätzt wurden) aufbewahrt. Der Berghang ist mit künstlichen Hügeln und Pavillons geziert. Auf dem Nordhang des Berges steht ein mehrgeschossiger Bau mit halbkreisförmigem Grundriß. In seinem Zentrum befinden sich die Halle der Wellen (Yilantang) und das Studio der Ruhe des Dao (Daoningzhai). Der Nordhang besteht ansonsten aus steilen Felsen, die künstliche Berggruppen mit Steinhöhlen bilden. Sie sind mit Pavillons durchsetzt und durch tunnelartige Durchgänge miteinander verbunden. Am Osthang des Berges bilden ein Eingangstor, eine steinerne Brücke, ein Zwischentor und die Halle der Perle der Weisheit (Zhizhudian) eine weitere Hauptachse. Nördlich von der Halle stehen der Pavillon des Erblickens des Frühlings (Jianchunting) und nördlich von diesem die Stele mit der Inschrift »Frühlingsschatten auf der Jadenen Insel«, eine der Acht Sehenswürdigkeiten von Peking.

Auf dem Ost- und Norduferes des Nordmeer-Sees gibt es eine große Zahl von Bauten. Am Ostufer befinden sich am Hao- und Pu-Graben klippenartige Bergfelsen und ein breiter Teich, die Klarheit und Natürlichkeit atmen. Nördlich davon liegt das Studio des Bemalten Bootes (Huafangzhai). Am Nordufer steht das Studio des Ruhigen Herzens (Jingxinzhai), ein wohlgestalteter »Garten im Garten«. Hier wohnten die Qing-Prinzen. Außerdem gibt es hier noch eine Reihe von Sakralbauten. Westlich von ihnen befindet sich die berühmte Neundrachenmauer (Jiulongbi). Vor dem Tempel des Klaren Glücks stehen im Wasser die Fünf Drachenpavillons (Wulongting). Sie sind durch kleine, zierlich verwinkelte Brücken miteinander verbunden. Hier pflegten die Qing-Kaiser dem Feuerwerk zuzuschauen. Die Anlage der Rundmauer südlich von der Brücke der Ewigen Ruhe wurde zur Jin-Zeit aufgeschüttet. Hier befindet sich eine Gruppe symmetrisch angelegter Bauten, in deren Haupthalle, der Halle des Empfangs des Glanzes (Chengguangdian), eine Jadestatue des Bodhisattva Guanyin steht.

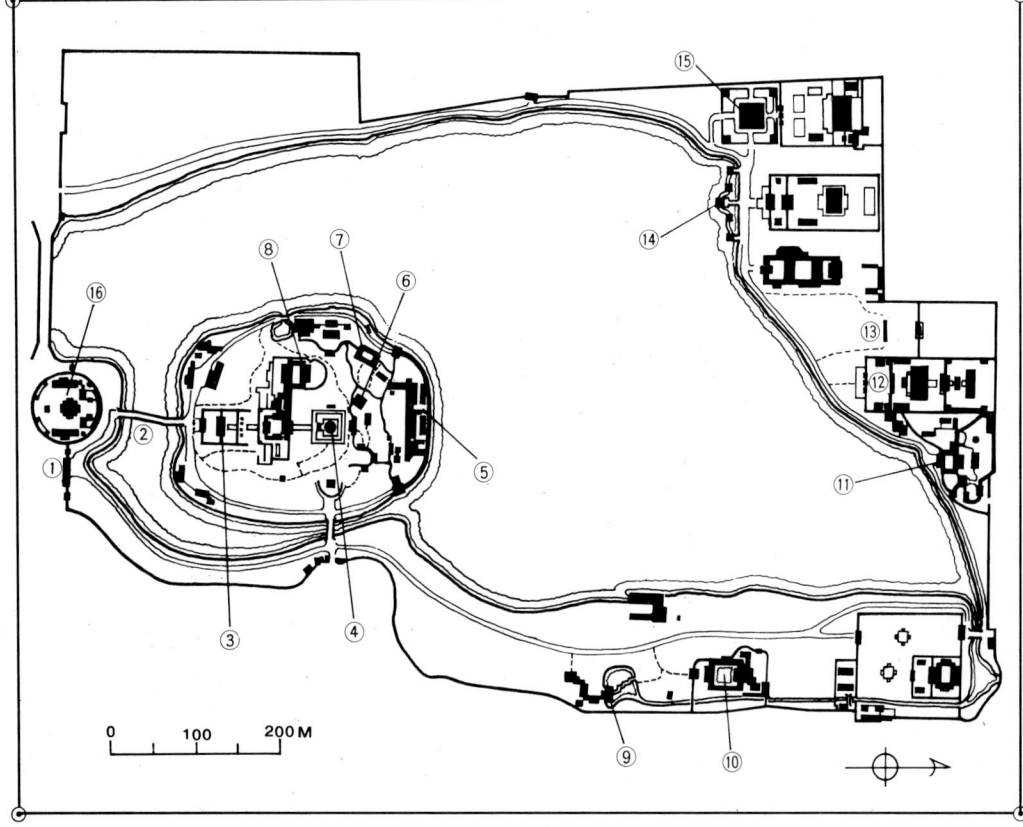

Der Nordmeer-Park
1. *Eingang*
2. *Brücke der Ewigen Ruhe (Yonganqiao)*
3. *Tempel der Ewigen Ruhe (Yongansi)*
4. *Weiße Pagode*
5. *Halle der Wellen (Yilantang)*
6. *Halle der Freude am Alten (Hangutang)*
7. *Turm der Betrachtung des Alten (Yuegulou)*
8. *Turm der Freudigen Wolken (Qingxiaolou)*
9. *Hao- und Pu-Graben*
10. *Studio des Bemalten Bootes (Huafangzhai)*
11. *Studio des Ruhigen Herzens (Jingxinzhai)*
12. *Buddhistische Region des Westlichen Himmels (Xitian fanjing)*
13. *Neundrachenmauer (Jiulongbi)*
14. *Fünf Drachenpavillons (Wulongting)*
15. *Welt der Äußersten Freude (Jile shijie)*
16. *Rundmauer (Tuancheng)*

3

4

5

6

1. Die Hauptachse auf der Südseite des Bergs der Weißen Pagode, gebildet aus der Weißen Pagode, der Halle des Edelsteingleichen Guten Grundes, dem Tempel der Allgemeinen Ruhe, dem Zwischentor und der steinernen Brücke.

2. Die Weiße Pagode auf der Insel der Jadenen Blüten und der Pavillon des Zehntausendfachen Frühlings (Wanchunting) auf dem Landschaftshügel (links) bieten das Bild eines lieblichen Auf und Ab. Die Bauten am Ufer sind der Turm des Azurenen Widerscheins (Bizhaolou) und der Turm der Fernen Segel (Yuanfan'ge), dahinter sieht man die Halle der Wellen und das Studio der Ruhe des Dao.

3. Die Fünf Drachenpavillons sind die Hauptgebäude am Nordufer. Von ihnen blickt man südwärts über das Wasser zur Weißen Pagode. Am Ende der Qing-Zeit wurde gewöhnlich in der Neujahrsnacht vor den Pavillons Feuerwerk abgebrannt.

4. Die Halle der Freude am Alten am Hang auf der Nordwestseite des Berges der Weißen Pagode. Eng an die Steine der Bergwand gelehnt, bildet sie einen abgeschlossenen kleinen Hof. Die gestuften Gänge an den beiden Seiten und die weiße Mauer harmonisieren mit der Weißen Pagode und bieten so ein Bild der Vollkommenheit.

5. Der Steinpfad im Hof hinter dem Studio des Bemalten Bootes wird zu beiden Seiten von unregelmäßig, aber harmonisch angeordneten natürlichen Gesteinsbrocken flankiert.

6. Die Stele mit der Inschrift »Frühlingsschatten auf der Jadenen Insel« ist eine der Acht Sehenswürdigkeiten von Peking. Die Schriftzeichen wurden von Kaiser Qianlong eigenhändig entworfen.

7. Am Hao- und Pu-Graben steht eine über dem Wasser errichtete offene Halle, die von künstlichen Felsen umgeben ist. Eine Steinbrücke führt zum Eingang an der Nordseite.

8

9

8. *Der Gang der Sickernden Quelle (Qinquanlang) und die Kleine Steinbrücke.*
9. *Detail aus der Neundrachenmauer, ein aus glasierten Ziegeln gefügtes Relief mit dem Motiv des mit der Perle spielenden Drachens in sehr lebhafter Gestaltung.*
10. *Der Gang der Sickernden Quelle im Studio der Ruhigen Klarheit (Jingqingzhai) ist zu beiden Seiten von Wasser eingefaßt und auf allen vier Seiten von zackigen Felsbrocken umgeben.*

11

12

11. *Das Studio des Bemalten Bootes bildet einen abgeschlossenen quadratischen Hof mit einem Wasserbecken in der Mitte, in dem Lotos wächst. Die das Becken umgebenden Bauten sind symmetrisch gestaltet. Die Anlage wirkt sehr ernst und ruhig.*

12. *Die Bemalung des Ganges der Sickernden Quelle im Studio der Ruhe des Herzens verwendet Personen und Szenen als Motive.*

13. *Ein Winkel im Studio der Ruhe des Herzens: der den Hügel erklimmende Gang (Pashanlang) und das Haus der Farbigen Bilder (Yanhuaxuan).*

Der Sommerpalast bei Peking

Der Sommerpalast (Yiheyuan, »Park der Pflege der Harmonie«) liegt etwa zehn Kilometer von der Stadt Peking entfernt in einem nordwestlichen Außenbezirk. Zur Yuan-Zeit befand sich hier der Topfberg-See (Wengshanpo), und zur Ming-Zeit stand hier einmal der Tempel der Vollkommenen Ruhe (Yuanjingsi). An seiner Stelle wurde unter dem Qing-Kaiser Qianlong der Große Tempel der Vergeltung der Gnade und der Verlängerung des Lebens (Da baoen yanshou si) errichtet. Weiterhin baute man Pavillons, Terrassen, Türme sowie mehrgeschossige Häuser und nannte das Ganze »Park der Klaren Wellen« (Qingyiyuan). Als im Jahre 1860 die verbündeten Truppen Englands und Frankreichs Peking im Gefolge des zweiten Opiumkrieges besetzten, wurde der Park zerstört. Nur feuerfeste Bauten, unter ihnen der Bronzepavillon (Tongting), blieben erhalten. Im Jahre 1887 benutzte die Kaiserinwitwe Cixi Gelder, die eigentlich für den Ausbau der Flotte vorgesehen waren, um den Park wiederherzustellen. Nach Abschluß der acht Jahre währenden Arbeiten erhielt der Park seinen heutigen Namen.

Den Sommerpalast kann man unterteilen in die beiden großen Teile des Kunming-Sees (Kunminghu) und des Berges des Zehntausendfachen Langen Lebens (Wanshoushan). Der ganze Park hat eine Fläche von 3,4 Quadratkilometern, wovon der über 60 Meter hohe Berg etwa ein Fünftel einnimmt. Das Areal vom Osttor des Palastes bis zur Halle der Menschlichkeit und des Langen Lebens (Renshoudian) war der für Regierungsangelegenheiten vorgesehene Bereich. Hinter der Halle der Menschlichkeit und des Langen Lebens liegen am See die Halle der Jadewellen (Yulantang), das Haus des Günstigen Jätens (Yiyunguan) und die Halle des Freudvollen Langen Lebens (Leshoutang), drei große Baugruppen vom Typ des vierseitig umschlossenen Hofes, die miteinander durch Gänge verbunden sind. Hier wohnten die Gemahlin des Kaisers Guangxu und die Kaiserinwitwe Cixi. Der »Garten der Tugend und Harmonie« (Deheyuan) nördlich von der Halle der Menschlichkeit und des Langen Lebens ist eine Theaterbühne. Die Stelle »Entfachung des Windes der Menschlichkeit« (Yangrenfeng) nordwestlich von der Halle des Freudvollen Langen Lebens ist ein kleiner, in sich völlig abgeschiedener Garten. Auf einem künstlichen Berg steht hier ein überaus fein gestalteter fächerförmiger Bau.

Der für Vergnügungen bestimmte Bereich ist der künstlerisch vollkommenste und besteht aus drei Teilen: der Vorder- und Rückseite des Berges sowie dem Kunming-See. In der Mitte der Vorderseite des Berges liegen, angefangen vom Tor »Jadewelt im Wolkenglanz« (Yunhui yuyu) nordwärts, das Tor des Zerteilens der Wolken (Paiyunmen), die Halle des Zerteilens der Wolken (Paiyundian), die Halle des Tugendglanzes (Dehuidian), der Turm des Buddhaduftes (Foxiangge) und das Meer der Weisheit (Zhihuihai). Sie ziehen sich hintereinander am Berghang empor und bilden die zentrale Achse des ganzen Parks. Alle diese Bauten sind mit gelben Glasurziegeln gedeckt. Auf der Ost- und Westseite dieser Achse sind symmetrisch zueinander die beiden Baugruppen des Drehbaren Speichers (Zhuanluncang) und des Bronzepavillons (Tongting) angeordnet. An den etwas weiter entfernten Stellen am Berghang und auf dem Berggipfel sind gleichmäßig einige Bauten verteilt, die dem Genuß der Szenerie oder ihrem Schmuck dienen. Sie haben freie, lebhafte Formen. Zwischen dem Fuß des Berges und dem Kunming-See verläuft in Ost-West-Richtung der Lange Gang (Changlang) mit 728 Meter Länge und 273 von je vier Säulen gebildeten Gefachen (jian). Die Balken sind mit insgesamt mehr als vierzehntausend Bildern im Stil von Suzhou bemalt.

Die Rückseite des Berges besticht durch Klarheit und Abgeschiedenheit. Von der Sumpffrosenbrücke (Xingqiao) im Westen bis zum Garten der Harmonischen Stimmung (Xiequyuan) im Osten schlängelt sich, den Formen des Berges folgend, ein Wasserlauf hin. Am Hang und an dem Ufer des Wasserlaufs befinden sich noch Reste von Bauten aus der Zeit des Parks der Klaren Wellen und am hinteren Teil des Sees die Straße von Suzhou (Suzhoujie). Die größte Insel im Kunming-See – »Südsee-Insel« (Nanhudao) oder auch »Tempel des Drachenkönigs« (Longwangmiao) genannt – ist durch die Siebzehn-Bogen-Brücke (Shiqikongqiao) mit dem Ufer verbunden. In die Pfostenköpfe des Brückengeländers sind mehr als fünfhundert Löwen gemeißelt. Jeder hat eine andere Haltung, und sie wirken äußerst lebendig. Der Westdeich wurde zur Zeit des Kaisers Qianlong in Nachahmung des Su-Deiches am Westsee von Hangzhou angelegt. Ihn zieren sechs Brücken, von denen die Jadebandbrücke (Yudaiqiao) am schönsten ist.

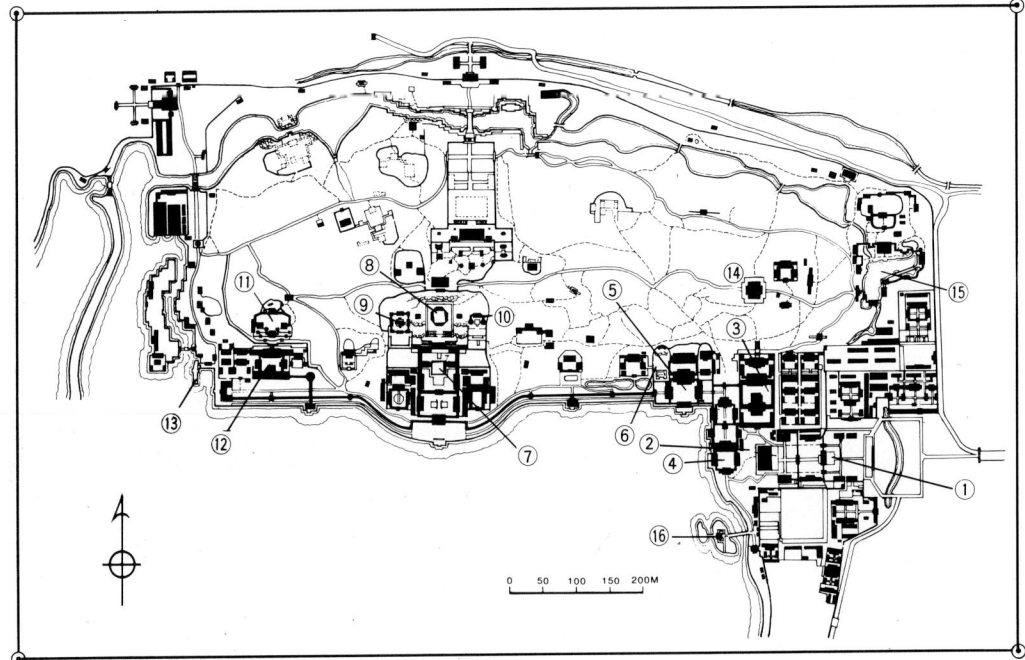

Der Sommerpalast
1 *Osttor*
2 *Halle der Menschlichkeit und des Langen Lebens*
  (Renshoudian)
3 *Große Theaterbühne*
4 *Halle der Jadewellen (Yulantang)*
5 *Halle des Freudvollen Langen Lebens (Leshoutang)*
6 *Entfachung des Windes der Menschlichkeit*
  (Yangrenfeng)
7 *Halle des Zerteilens der Wolken (Paiyundian)*
8 *Turm des Buddhaduftes (Foxiangge)*
9 *Bronzepavillon (Tongting)*
10 *Der Drehbare Speicher (Zhuanluncang)*
11 *Vergnügen im Gemalten Bilde (Huazhongyou)*
12 *Haus zum Hören des Pirols (Tingliguan)*
13 *Steinernes Schiff*
14 *Turm des Mächtigen Glücks (Jingfuge)*
15 *Garten der Harmonischen Stimmung (Xiequyuan)*
16 *Pavillon des Frühlingsahnens (Zhichunting)*

14

14. Die Siebzehn-Bogen-Brücke, gekrümmt wie ein großer Regenbogen, ist mit 150 Meter Länge und 8 Meter Breite die größte Steinbrücke in den alten chinesischen Parks.
15. Der Kunming-See und der Berg des Zehntausendfachen Langen Lebens in der Morgensonne.

16

17

16. *Der Turm des Buddhaduftes von der Halle des Zerteilens der Wolken aus gesehen.*
17. *Das Tor »Jadewelt im Wolkenglanz« vor dem Tor des Zerteilens der Wolken am Rande des Kunming-Sees.*
18. *Der liebliche Kunming-See.*

19. Der Bronzepavillon, ganz aus Bronze gegossen, ist ein seltenes und kostbares Werk von feinster künstlerischer Gestaltung. Er wiegt 207 Tonnen.
20. »Vergnügen im Gemalten Bilde«, eine der wichtigsten Anlagen auf der Westseite des Berges des Zehntausendfachen Langen Lebens.
21. Die Glasurziegelpagode der Zahlreichen Kostbarkeiten verbirgt sich inmitten des üppigen Grüns.

20

21

19

22

22. *Der Torbau »Eine rote Mauer erhebt sich aus dem Dunst«. Dieses Motto und ein anderes, »Violetter*
   Dunst kommt von Osten«, stehen in Inschrifttafeln auf beiden Seiten.
23. *Der Lange Gang. Mit 728 Metern ist er der längste Gang in den alten chinesischen Parks.*

25

24. Bronzenes Räuchergefäß vor der Halle der Menschlichkeit und des
    Langen Lebens.
25. Malerei im Stil von Suzhou. Die Motive der Bilder sind Landschaften,
    Blumen, Vögel und Szenen aus Geschichten um bestimmte Personen.

26

27

26. *Der Garten der Harmonischen Stimmung wurde zur Zeit des Kaisers Qianlong in Nachahmung des Gartens der Zerstreuung (Jichangyuan) in Wuxi angelegt. Hier sind die Gartenstile des Südens und des Nordens miteinander verbunden – ein berühmter »Garten im Garten« innerhalb des Sommerpalastes.*

27. *Im hinteren Teil des Sees nimmt die Wasserfläche einen winkligen Verlauf. Mit dem dichten Baumbewuchs auf beiden Seiten hat dieser Teil etwas von den wasserlaufdurchzogenen Orten Südchinas an sich. Auf beiden Ufern sind heute noch die Reste einer »Ladenstraße« zu sehen.*

28. Die Brücke des Wissens um die Fische (Zhiyuqiao) im Garten der Harmonischen Stimmung. »Wissen um die Fische« bezieht sich auf die klassische Geschichte von dem Streit zwischen den alten Philosophen Zhuangzi und Hui Shi darüber, ob der Mensch wissen könne, was den Fischen Freude mache.

29. Die Spiegelbrücke (Jingqiao), eine der sechs Brücken im Westdeich. Ihr Name bezieht sich auf den Vers des Dichters Li Bo (699–762): »Zu beiden Seiten Wasser, ist sie wie zwischen zwei Spiegel geklemmt; verdoppelt gleicht sie einem niedergefallenen Regenbogen.«

Die Kaiserliche Sommerresidenz in Chengde

Die Kaiserliche Sommerresidenz (Bishu shanzhuang, etwa »Bergsitz zum Ausweichen vor der Hitze«) liegt, auf allen Seiten von Bergen umgeben, im Nordosten der Provinz Hebei nördlich von Chengde an beiden Ufern des Wulie-Flusses, nur etwas mehr als 200 Kilometer von Peking entfernt. Da in den Wulie-Fluß warme Quellen münden, heißt er auch »Heißer Fluß« (Rehe). Der Qing-Kaiser Kangxi ließ hier im Jahre 1703 den ersten Palast erbauen. Er gab ihm den Namen »Bergsitz zum Ausweichen vor der Hitze«. Unter Kaiser Qianlong wurden umfangreiche Erweiterungs- und Umbauten durchgeführt. In etwa acht Jahrzehnten errichtet, bildete die Anlage seit den Kaisern Kangxi und Qianlong den Sommersitz der Qing-Kaiser und den Ort wichtiger politischer Geschäfte.

Die Sommerresidenz nimmt eine Fläche von etwa 5,6 Quadratkilometern ein. Davon sind etwa vier Fünftel bergig, den Rest bilden Ebenen und Seen. Das Ganze ist von einer Mauer aus Stein mit einer Länge von etwa 10 Kilometern umgeben. Die Anlage kann man grob in zwei Teile teilen, von denen der eine den Regierungsgeschäften und dem Wohnen, der andere dem Vergnügen diente; dieser letztere kann nochmals in ein Seengebiet, eine Ebene und ein Berggebiet unterteilt werden.

Der Regierungs- und Wohnbereich liegt am Südende. Hier gibt es vier in Nord-Süd-Richtung angelegte Baugruppen: den Hauptpalast (Zhenggong), das Studio der Kiefern und Kraniche (Songhezhai), den Ostpalast (Donggong) und die Baugruppe »Föhrenwind in Zehntausend Schluchten« (Wanhuo songfeng). Der Hauptpalast liegt am weitesten westlich. Man betritt ihn durch das Haupttor (Lizhengmen). Seine wichtigsten Bauten sind die Halle der Ruhe und Aufrichtigkeit (Danpo jingcheng dian, auch nach ihrem Baumaterial Nanmu-Halle genannt), die Bibliothek des Vierfachen Wissens (Sizhi shuwu) und die dahinter gelegene Schlafhalle (Qindian). Das östlich vom Hauptpalast gelegene Studio der Kiefern und Kraniche war einst Wohnsitz der Mutter des Kaisers Qianlong, jedoch sind die ursprünglichen Bauten nicht mehr vorhanden. Von dem an diese Baugruppe östlich anschließenden Ostpalast künden ebenfalls nur noch Spuren. Die Anlage »Föhrenwind in Zehntausend Schluchten« liegt nördlich vom Studio der Kiefern und Kraniche auf einem kleinen Hügel am Wasser. Sie bildet einen kleinen Hof mit der Halle der Ewigen Gnade (Jientang) und dem Studio der Betrachtung der Anfänge (Jianshizhai).

Über die Brücke des Föhrenwindes in Zehntausend Schluchten erreicht man in Richtung Norden das Seengebiet. Dieses hatte ursprünglich eine sehr große Wasserfläche. Später versandete sie allmählich. Heute weist sie nur noch zwei Drittel der ursprünglichen Größe auf. Der See ist durch Sandbänke, Inseln, Brücken und Dämme unterteilt, so daß unterschiedlich große und verschieden geformte Wasserflächen entstehen. Die Szenerie des Seengebietes kann man grob in drei Wege einteilen. Der mittlere Weg beginnt an der Baugruppe »Föhrenwind in Zehntausend Schluchten«. Hier gibt es die Stellen »Graspfad und Wolkendamm« (Zhijing yunti), »Flußgeplätscher im Mondenschein« (Yuese jiangsheng), Ruyi-Sandbank (Ruyizhou) und Haus des Dunstes und des Regens (Yanyulou). Auf dem Ostwege, der am Ostpalast beginnt, befinden sich die Hütte im Herzen des Wassers (Shuixinxie), der

Löwenwald der Literarischen Welt (Wenyuan shizi lin), das Berghaus der Klaren Ruhe (Qingshu shanguan), die Halle des Sichhütens vor Habgier (Jiedetang – der Name spielt auf eine Stelle in den »Gesprächen« des Konfuzius an), der Tempel des Blütengeistes (Huashenmiao) und der Goldberg (Jinshan). Der Westweg beginnt nördlich des Hauptpalastes am Tor der Wolkenhöhle (Yunxiumen). An ihm liegen der Wohnsitz im Duftgarten (Fangyuanju), die Stelle »Duftinsel nahe der Strömung« (Fangzhu linliu), der Landsitz nahe dem Duft (Linfangshu), der Pavillon zum Hören des Wasserfalls (Tingputing), die Stelle »Lotosduft im Gewundenen Wasser« (Qushui hexiang) und der Turm der Furt der Literatur (Wenjin'ge).

Die Stelle »Graspfad und Wolkendamm« ist nach dem Vorbild des Su-Damms in Hangzhou geschaffen. Die Hütte im Herzen des Wassers besteht aus drei Pavillons, die am Südende des Sees über einer Schleuse stehen – ein idealer Platz zum Genießen der Szenerie auf allen Seiten. Die Baugruppe »Flußgeplätscher im Mondenschein« liegt nördlich von der Hütte im Herzen des Wassers auf einer Insel. Das Haus des Dunstes und des Regens auf der Insel des Grünen Lotos (Qingliandao) nördlich der Ruyi-Sandbank ist nach dem Vorbild des gleichnamigen Baus im Südsee (Nanhu) von Jiaxing erbaut und bildet den zentralen Punkt in der Mitte des Seengebiets. Der Goldberg östlich der Ruyi-Sandbank ahmt die Form des Goldberg-Tempels (Jinshansi) von Zhenjiang nach. Der Hauptbau auf der Insel ist der Gottespavillon (Shangdige), auch Goldberg-Pavillon (Jinshanting) genannt.

Das Gebiet der Ebene liegt nördlich vom Seengebiet und kann grob in die beiden Teile »Garten der Zehntausend Bäume« (Wanshuyuan) und »Damm des Erprobens der Pferde« (Shimadai) eingeteilt werden. Der Damm des Erprobens der Pferde, westlich vom Garten der Zehntausend Bäume gelegen, diente früher als Pferderennbahn.

Das Berggebiet im Nordwesten der Sommerresidenz besitzt versteckte Täler und bizarre Schluchten wie die Schlucht der Föhren und Wolken (Songyunxia), das Tal der Birnbäume (Lishuyu), das Kieferwaldtal (Songlinyu), den Haselnuß-Kamm (Zhenziling) und das Westtal (Xiyu), die sich von Nordwesten nach Südosten hinziehen. Zahlreiche ursprünglich hier angelegte Landschaftsstellen und Tempel sind inzwischen alle zerstört. Auch von den vier Pavillons, die einst auf dem Gipfel des Berges standen, existieren nur noch die drei mit den Namen »Gehäufter Schnee am Südlichen Berg« (Nanshan jixue), »Wolken und Berge auf allen Vier Seiten« (Simian yunshan) und »Abendsonne am Hängenden Gipfel« (Chuifeng luozhao).

Östlich und nördlich der Sommerresidenz lagen am Ostufer des Wulie-Flusses und am Nordufer des Löwengrabens (Shizigou) in Süd-Nord-Richtung zwölf Tempel, von denen heute noch sieben erhalten sind: der Tempel der Allgemeinen Menschlichkeit (Purensi), der Tempel der Allgemeinen Freude (Pulesi), der Tempel der Befriedung derer, die in der Ferne wohnen (Anyuanmiao), der Tempel der Allgemeinen Ruhe (Puningsi), der Tempel des dem Sumeru-Berg gleichenden Glücks und Langen Lebens (Xumi fushou zhi miao), der Potala-Tempel (Putuo zongsheng zhi miao) und der Tempel der Statue des Bodhisattva Manjusri (Shuxiangsi). Sie zählen zu den weithin bekannten »Äußeren Acht Tempeln« (Waibamiao).

30

30. *Das Haus des Dunstes und des Regens, erbaut nach dem Vorbild des
gleichnamigen Baus im Südsee von Jiaxing.*

Chinesische Marmorskulpturen

HANS GÜNTER GRIMM · IMPORT

Schloßstraße 18 · 5014 Kerpen-Horrem · Telefon 0 22 73 / 16 25

Nr. 027   Wächterlöwen, dunkelgrau, 50 cm hoch Paar 2250,-- DM
75 cm hoch Paar 3450,-- DM

中国的

Nr. 400 Pu-tai (Happy Buddha), d.grau
30 cm hoch   Stück 650,-- DM
50 cm hoch   Stück 1250,-- DM

Nr. 027   Wächterlöwen, weiß, 50 cm hoch Paar 2250,-- DM
75 cm hoch Paar 3450,-- DM

大理石加工

Nr. 400   Pu-tai (Happy Buddha), weiß
30 cm hoch   Stück   650,-- DM
50 cm hoch   Stück 1250,-- DM

Nr. 403   Drachen, dunkelgrau 70 cm lang Stück 950,-- DM

Nr. 402   Schildkröte, grau 20 cm lang Stück 195,-- DM

Nr. 401   Schildkröte, grau 30 cm lang Stück 375,-- DM

Die Preise enthalten die gesetzliche
Mehrwertsteuer.
Lieferung erfolgt **Frei Haus.**
Bei Selbstabholung werden 15%
auf die Preise vergütet.
Rabattgewährung ist ausgeschlossen.

Nr. 500   Wächterlöwen,
südchinesischer Stil, Grünstein,
40 cm hoch Paar 2350,-- DM
60 cm hoch Paar 3450,-- DM

32

33

31. Die Brücke des Gewundenen Übergangs (Duquqiao) führt zum Haus des Dunstes und des Regens.
32. Der Goldberg-Pavillon.
33. Das Haus »Herrlicher Platz der Wolken und Felsen« (Yunshan shengdi lou).

31

35

36

34. *Der lange Damm in ruhenden Wellen.*
35. *Die Hütte im Herzen des Wassers spiegelt sich inmitten des Sees.*
36. *Das Nordufer des Klaren Sees und der Pavillon am Seeufer.*
37. *Der Pavillon »Gehäufter Schnee am Südlichen Berg« nach dem Schneefall.*
38. *Morgenröte an der Stelle »Graspfad und Wolkendamm«.*
39. *Morgensonne über dem »Klangsteinschlegel-Gipfel« (Qingchuifeng).*
40. *Inmitten der Berge erblickt man in der Ferne die Pagode des Tempels der Ewigen Hilfe (Yongyousi).*

38

39

41

41. See und Berg in anmutigem Kontrast.
42. Das Berggebiet in herbstlichen Farben.

42

Der Teich der Blühenden Klarheit in Lintong

Der Teich der Blühenden Klarheit (Huaqingchi) liegt am Nordfuß des Lishan-Gebirges südlich von Lintong in der Provinz Shaanxi, 25 Kilometer von Xi'an entfernt. Ihren Namen hat die Anlage von der warmen Quelle, die hier aus dem Lishan entspringt. Der Tang-Kaiser Taizong, Li Shimin, hatte hier einst den Palast der Heißwasser-Quelle (Tangquangong) errichten lassen. Unter dem Kaiser Xuanzong, Li Longji, wurde er erweitert und erhielt den Namen Palast der Blühenden Klarheit (Huaqinggong). Alten Aufzeichnungen zufolge war dies eine gewaltige Anlage mit prachtvollen Hallen, Heißwasserbecken und Terrassen an Teichen. Li Longji kam jedes Jahr im 10. Monat mit seiner Nebenfrau Yang Guifei hierher und kehrte erst zum Jahresende wieder in die Hauptstadt Chang'an, das heutige Xi'an, zurück. Der Dichter Bo Juyi (772–846) schrieb in seinem »Lied von Ewiger Trauer«:

Der Lenz war gekommen, noch war es kalt,
doch warm war das Wasser zum Bade
im Huaqing-Quell, sprudelnd aus schwarzem Basalt –
hellschimmernd auf dunklem Grund die Gestalt,
und Glieder, gleißend wie Jade.

Liebreizend entstieg sie, von Zofen geführt,
dem Bade mit zierlichem Schritte.
Der Kaiser, von ihren Reizen gerührt,
gewährte, was solcher Anmut gebührt –
seine Huld – und sie seine Bitte.
(Übersetzung von E. Schwarz)

Während der Revolte des An Lushan (755–763) wurde der Palast der Blühenden Klarheit zerstört. Zur Zeit der Fünf Dynastien stand hier ein daoistischer Tempel. Die Anlagen wurden etwas renoviert, als der Qing-Kaiser Kangxi während einer Inspektionsreise durch Westchina hier wohnte. Die heutigen Bauten und Teichterrassen stammen aus der Qing-Zeit.

Der gegenwärtige Teich der Blühenden Klarheit ist ein kleiner Park mit einer Baugruppe, die sich eng an den Berg anlehnt. Vom Fuße des Lishan-Gebirges wurde das Quellwasser in den Lotosblütenteich (Lianhuachi) geleitet; die Bauten gruppieren sich um diesen Teich herum. Sie sind je nach Bodenbeschaffenheit höher oder tiefer in kunstvollem Wechselspiel angelegt und durch Schrägen und Stufen miteinander verbunden. Das Lishan-Gebirge mit seinem üppigen Grün bildet den Hintergrund und läßt diesen Park noch schöner und vielgestaltiger erscheinen.

Das Haupttor des Teichs der Blühenden Klarheit, das Haus des Blicks auf den See (Wanghulou), liegt auf der Nordseite des Parks. In seinem oberen Teil ist es als offene Halle gestaltet, unter der sich drei Tordurchgänge befinden. Östlich und westlich schließt eine Umfassungsmauer an, deren Krone als Fußweg ausgebildet ist, der mit der offenen Halle in Verbindung steht. Von der Halle aus kann man die ganze Parkanlage überblicken. Der Lotosteich liegt in der Mitte des Parks. Westlich vom Teich stehen der Bootspavillon (Chuanting), die Halle der Fliegenden Himmelsröte (Feixiage) und der Teich der Nebenfrau Yang (Yangfeichi); am Hang befinden sich das Haus der Fünf Gefache (Wujianxuan) und das Yang-Haus (Yangxuan). Auf dem Hang östlich vom Teich liegen der Flaggenpavillon (Qiting), der Stelenpavillon (Beiting), die Brücke des Fliegenden Regenbogens (Feihongqiao) und der Pavillon des Blicks auf den Fluß (Wangheting). Die Bäume des Parks ragen hoch auf, und allenthalben ist der Boden von Rasen bedeckt – das Ganze bildet ein reizvolles Auf und Ab verschiedener Höhen, Windungen und Wandlungen. Über die Brücke des Fliegenden Regenbogens und durch das Tor der Öffnung zum Yang (Kaiyangmen) gelangt man in den früheren Ostgarten (Donghuayuan). Hier kann man die Stellen aufsuchen, wo sich zur Zeit des Tang-Palastes der Pavillon des Günstigen Frühlings (Yichunting), das Haus des Betrachtens des Phönixes (Guanfenglou), die Halle der Hahnenkämpfe (Doujidian) und der Pfeffergarten (Jiaoyuan) befanden. Steigt man auf den Stufen weiter den Berghang hinauf, so gelangt man unterhalb eines Felsens zum Pavillon der Verhaftung von Tschiang Kaischek (Zhuojiangting – der Name bezieht sich auf den sogenannten Zwischenfall von Xi'an am 12. Dezember 1936). Weiter bergan gelangt man an die Halle des Laozi (Laojundian). Über eine Balkenbrücke erreicht man den Steintopftempel (Shiwengsi) auf dem Stickereigipfel (Xiuling). Auf dem Gipfel des Lishan-Gebirges befindet sich die »Signalfeuerterrasse« (Fenghuotai), wo der Sage nach der Zhou-König You und seine Geliebte Baosi die Lehnsfürsten zum Narren hielten.

Im Jahre 1959 wurde westlich des Platzes vor dem Nordtor eine Gruppe von Parkbauten im Stil der Tang-Zeit mit dem Namen »Heiße Quelle der Neun Drachen« (Jiulongtang) angelegt. Die Szenerien in diesem Park tragen die alten Namen. »Heiße Quelle der Neun Drachen« hieß der Teich, in dem der Tang-Kaiser Xuanzong zu baden pflegte. Jetzt ist dies ein öffentlicher Park.

43

Das Haus des Blicks auf den See bildet den Haupteingang zum Teich der
Blühenden Klarheit. Im Hintergrund das Lishan-Gebirge.

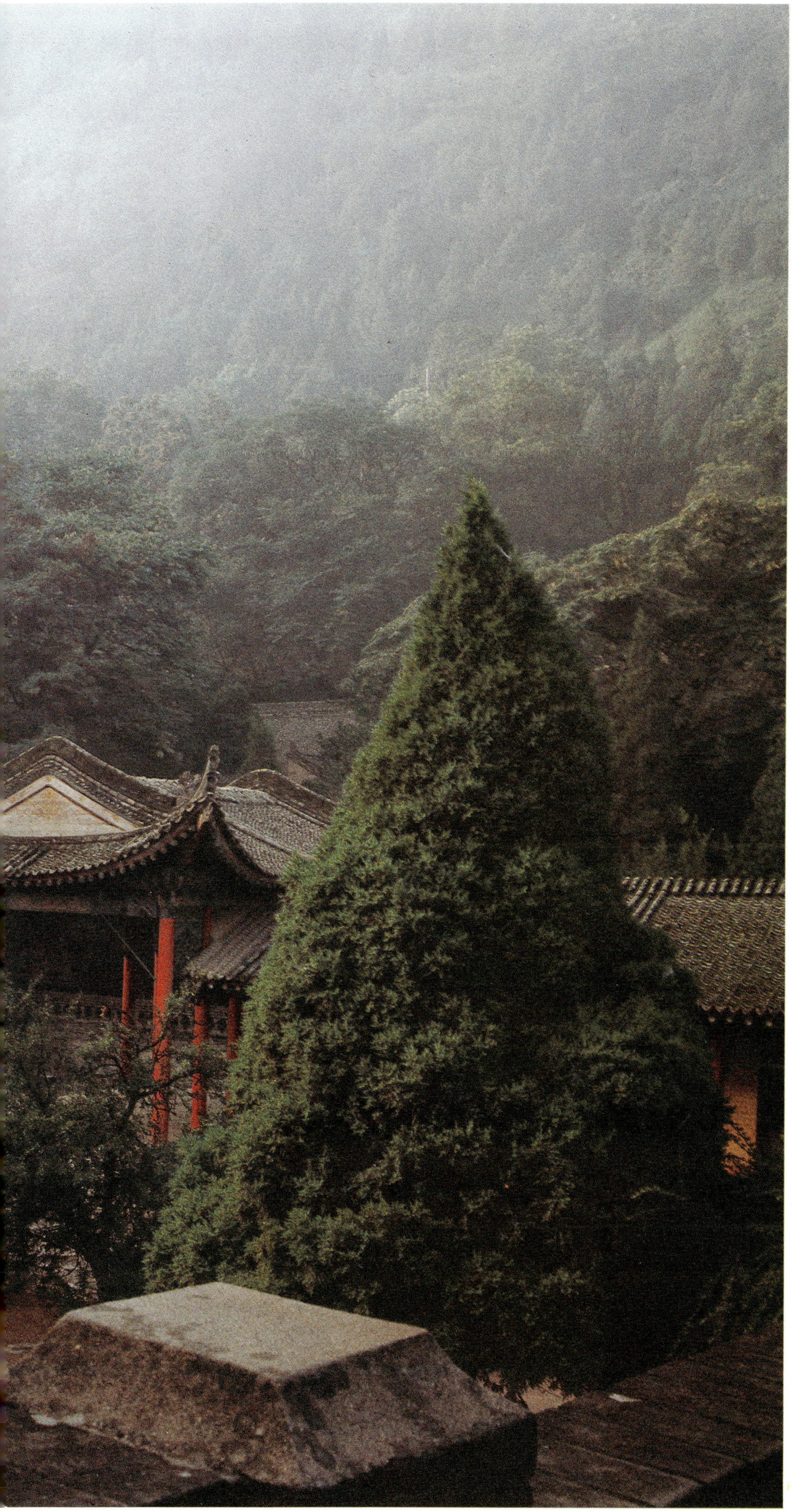

44

45

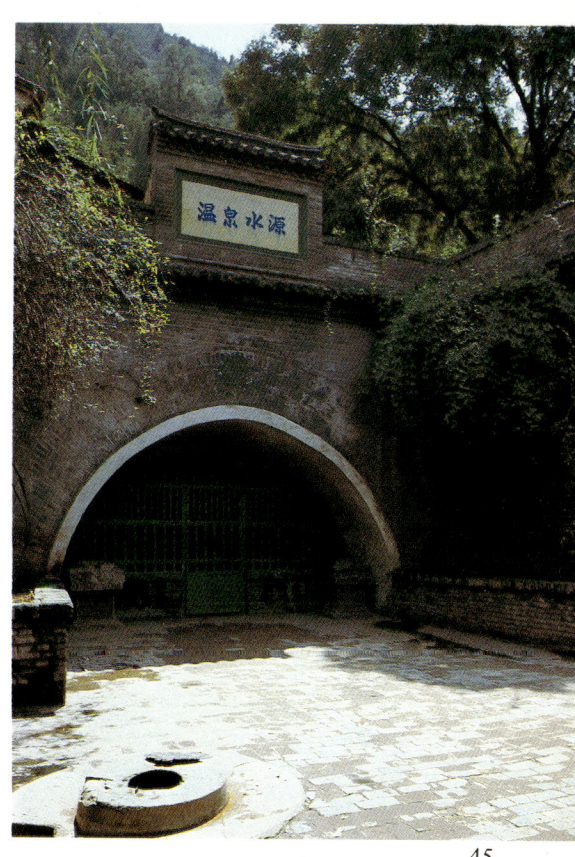

44. Der Teich der Blühenden Klarheit im Morgennebel.
45. Die warme Quelle.
46. Die Brücke des Fliegenden Regenbogens.

Private Gärten

Der »Kann«-Garten in Peking

Der »Kann«-Garten (Keyuan) wurde während der Xianfeng-Periode der Qing-Dynastie als Privatgarten des Mandarins Rong Yuan in der Maoer-Gasse in der Nordostecke der Kaiserstadt von Peking angelegt. Der Eigentümer ließ sich bei der Gestaltung von den Begriffen »klein« (xiao) und »abgeschieden« (you) leiten und gab dem Garten den Namen »Kann«, weil sein Sinn darin besteht, daß man hier angeln und in Muße verweilen »kann«. Der Garten erstreckt sich östlich vom Wohnhaus in einer schmalen, länglichen Form. In Nord-Süd-Richtung mißt er etwa 100 Meter, in Ost-West-Richtung etwa 26 Meter.

Dieser kleine Garten besteht aus einem Nord- und einem Südhof. Beide Höfe sind durch einen Wandelgang an der Ostseite miteinander verbunden. In der Gesamtanlage bilden die Bauten den Hauptakzent. Landschaftselemente haben eine untergeordnete Funktion. Die Haupthallen liegen auf einer zentralen Achse. Anordnung und Form der Bauten auf der Ost- und Westseite durchbrechen aber das streng symmetrische Schema, wie es sonst bei Wohnbauten üblich ist. Die Höfe sind mit Felsbrocken, Bäumen und Wasserbecken geschmückt, was eine Atmosphäre der Stille und Abgeschiedenheit erzeugt. Der Nordhof ist verhältnismäßig klein und auf allen vier Seiten von Bauten umgeben. Das Hauptgebäude liegt auf der Nordseite und trägt ein gewichtiges Fußwalmdach. An der Ostseite des Nordhofes steht eine kleine Halle auf einer etwa zwei Meter hohen Terrasse, deren Nord- und Südseite mit dem Wandelgang verbunden ist. Dies ruft ein Wechselspiel unterschiedlicher Höhen hervor. Auf der Westseite befindet sich der Haupteingang, von dem ein Gang zum Hauptgebäude an der Nordseite führt. Der Südhof ist verhältnismäßig groß und bietet einen freieren Blick. Er bildet den Mittelpunkt der Gartenszenerie. Sein Hauptgebäude liegt auf der Nordseite und trägt ein verhältnismäßig leicht wirkendes Dach mit abgerundetem First. Auf beiden Seiten verlaufen Wandelgänge, die mit Pavillons durchsetzt sind. An der Südseite des Hofes befindet sich ein künstlicher Berg, der das Gegenstück zum Hauptgebäude und gleichzeitig eine Sichtblende hinter dem Haupteingang bildet. Er ist ungefähr drei Meter hoch und trägt auf seiner höchsten Stelle am Ostende einen sechseckigen Pavillon. Dadurch wirkt er noch höher. An seinem Ost- und Westende stellen je eine Höhle zugleich die Südeingänge des Hofes dar. Die Nordhälfte ist aus Stein aus Fangshan gestaltet, in dem die vertikalen Linien dominieren, während die Südhälfte aus Schiefer zusammengesetzt ist, bei dem die horizontalen Linien betont sind. So gewinnt jede Seite ihren eigenen Reiz. Nördlich des Berges liegt ein natürlich geformtes Wasserbecken.

Auch die Innengestaltung der Bauten dieses Gartens weist markante Besonderheiten auf. In den Holzschnitzereien findet man nur Kiefern-, Bambus- und Pflaumenmotive, so daß alles sehr naturverbunden wirkt. Der »Kann«-Garten verkörpert den würdevollen, offenen Charakter der nordchinesischen Gärten und ist einer von den verhältnismäßig gut erhaltenen Wohnhausgärten Pekings.

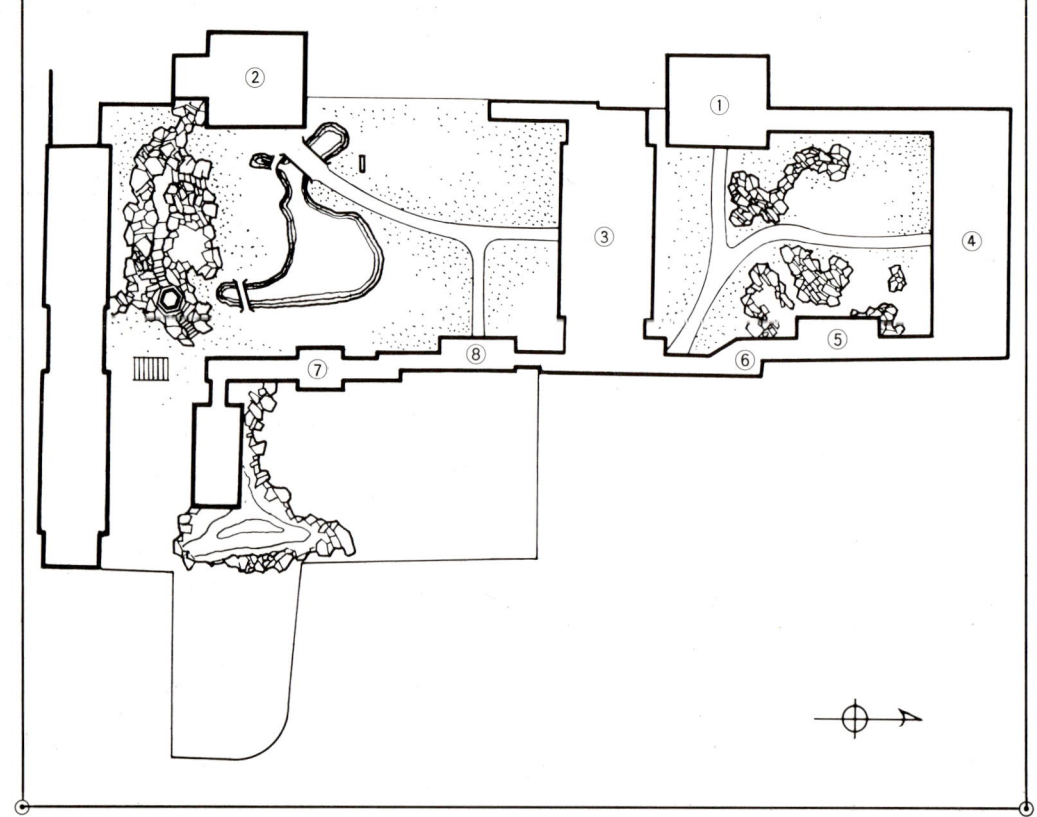

»Kann«-Garten
1,2 Eingänge
3,4 Hallen
5–8 Pavillons

47. Ein Hof im frisch und still wirkenden »Kann«-Garten.

48

49

50

48. Der künstliche Felsen im Nordhof.
49. Ein quadratischer Pavillon und ein schräger Gang.
50. Pavillon und Gang auf der Ostseite.
51. Sonnenuhr, Steintisch und Steinsitze.

Der Garten des Liu Yong in Peking

Liu Yong (1720–1804) mit dem Beinamen (zi) Chongru und dem literarischen Namen (hao) Shian absolvierte die Jinshi-Prüfung unter dem Qing-Kaiser Qianlong und brachte es in seiner Amtslaufbahn bis zum Kanzler. Im ganzen Reich war er als Kalligraph berühmt. Sein Privathaus lag in der Lishi-Gasse in der Osthälfte der Stadt. Der Garten befindet sich in der Nordwestecke des Wohnanwesens. Er nimmt nur eine kleine Fläche ein – in Ost-West-Richtung mißt er etwa 40 Meter, in Nord-Süd-Richtung 35 Meter –, ist aber äußerst kunstvoll gestaltet. In der Nordwestecke des Gartens erhebt sich ein mit Felsen besetzter

kleiner Hügel von etwa fünf Meter Höhe. Verhältnismäßig steil und mit gewundenen Pfaden versehen, macht er den Eindruck eines Gebirgsausläufers. An seinem Fuße befindet sich ein natürlich geformter Teich, der wie ein tiefer See am Fuße eines hohen Berges wirkt. Üppig gewachsene Bäume spenden dichten Schatten. Angesichts ihres dichten Wuchses glaubt man, in einem wunderbaren Wald inmitten der Stadt zu sein.

Die Gebäude tragen ausnehmend feinen Schmuck. Das Schnitzwerk in den offenen Fenstern wirkt besonders eindrucksvoll und ist zu den besten Arbeiten in den nordchinesischen Gärten zu rechnen.

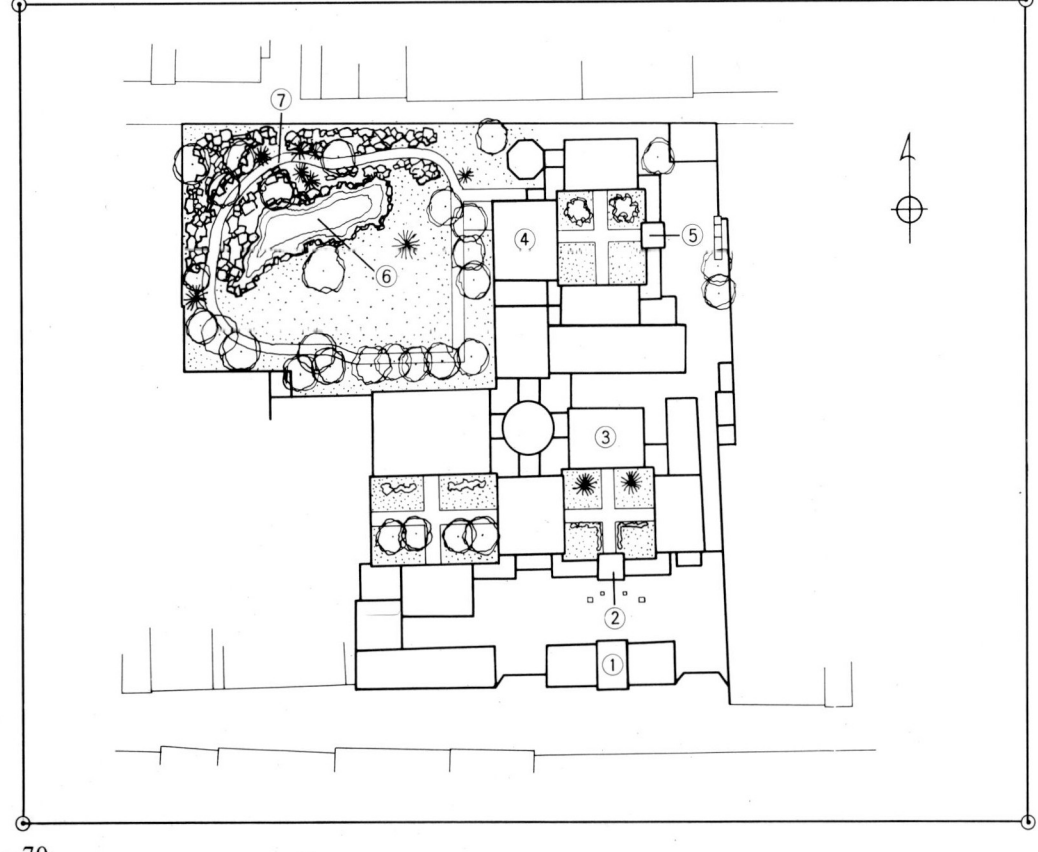

Garten des Liu Yong
1 Haupttor
2 Tor der Hängenden Blüten
3 Haupthalle
4 Raum des Hausherrn im hinteren Hof
5 Tor der Hängenden Blüten im hinteren Hof
6 Teich
7 Künstlicher Felsen

53

52. *Tor der Hängenden Blüten im Hause des Liu Yong, eine in den nordchinesischen Wohnhäusern sehr häufig anzutreffende Torform.*
53. *Der stille Garten hinter dem Haus. Grüne Kräuter bedecken wie eine Matte den Boden, dazwischen sind Felsbrocken verteilt, und dichte Bäume spenden Schatten – alles atmet wohltuende gepflegte Frische.*
54. *Ein kleines Haus mit einem Fußwalmdach, das unmittelbar mit der Giebelwand des Wohngebäudes auf der Ostseite des Hofes verbunden ist.*
55. *Detail des Reliefschmucks an einer Mauer unter einem Fenster.*

54

55

Der Garten der Betrachtung in Nanjing

Der Garten der Betrachtung (Zhanyuan) ist einer der berühmtesten Gärten Südchinas. Der Überlieferung nach war er der Wohnsitz von Xu Da, einem hohen Beamten, der sich bei der Gründung der Ming-Dynastie verdient gemacht hatte. Zu Beginn der Qing-Dynastie ging der Garten in den Besitz der Provinzialregierung über. Auf zwei Reisen in den Süden besuchte Kaiser Qianlong diese Anlage und schrieb die Vorlage für das Namensschild über dem Gartentor, wodurch der Garten zeitweilig große Berühmtheit erlangte. In der Zeit des Taiping-Aufstandes diente er als Amtssitz des »Königs des Ostens« (dongwang) Yang Xiuqing und des Vizekanzlers Lai Hanying, wurde dann aber im Krieg zerstört. In den Perioden Tongzhi/Guangxu wurde er wiederaufgebaut. Nach der Gründung der Volksrepublik China erfolgte eine umfassende Instandsetzung sowie die Anlage des künstlichen Felsens im Südteil.

Der Garten der Betrachtung liegt an der gleichnamigen Zhanyuan-Straße. Die Bauten auf seiner Ostseite sind als Gedenkstätte für den Taiping-Aufstand eingerichtet. Der Garten mißt in Nord-Süd-Richtung etwa 120 Meter, in Ost-West-Richtung etwa 40 Meter, hat also eine längliche Form. Im Zentrum steht, etwas nach Süden verschoben, das Hauptgebäude, die Halle des Ruhigen Wunderbaren (Jingmiaotang), die den ganzen Garten in einen nördlichen und einen südlichen Raum teilt. Beide Räume weisen jeweils einen künstlichen Felsen und einen Teich auf. Von der Halle des Ruhigen Wunderbaren aus kann man die Szenerie auf beiden Seiten betrachten. An der Ostseite verläuft unter der hohen Mauer ein Wandelgang, in den zwei Pavillons eingefügt sind. Auf der Westseite erhebt sich ein Erdhügel mit einem Bambushain und einem Steinpfad. Unterhalb des Hügels verbindet ein klarer Wasserlauf mit Steineinfassung den südlichen mit dem nördlichen Teich. Der Haupteingang des Gartens der Betrachtung liegt auf der Südseite. Nach dem Eintritt durch das Tor kann man durch eine Öffnung in der Wand den »Steingipfel der Unsterblichen« (Xianren shifeng) sehen, der nach historischer Überlieferung bei den Transporten bizarrer Steine zur Zeit des Song-Kaisers Huizong hier zurückgeblieben sein soll.

Der Garten der Betrachtung gewinnt besonderen Reiz durch seine Felsen. Der künstliche Felsen im Nordteil stammt aus älteren Zeiten, ist aber zum Teil zerstört. Nur auf der Spitze des Felsens ragt noch ein gewaltiger Stein kraftvoll empor; an der Seite schlängelt sich ein Stufenweg entlang und führt über Windungen in eine Höhle. Südlich hiervon überspannt eine dreifach geknickte Brücke die Wasserfläche. Hier kann man den Eindruck einer natürlichen Landschaft am besten genießen. Der künstliche Felsen im Südteil wurde erst in den sechziger Jahren unseres Jahrhunderts angelegt. An den Seiten weist er runde Konturen auf, der Gipfel wird von einer bizarren Felsenspitze bekrönt. Eine stalaktitenförmige Höhle am Fuß des Felsens ist mit dem Teich verbunden. Aus einer weiteren Höhle fließt eine klare Quelle. Die ganze Anlage stellt mit ihrem prächtigen Anblick ein gelungenes Beispiel moderner chinesischer Felsgestaltung dar.

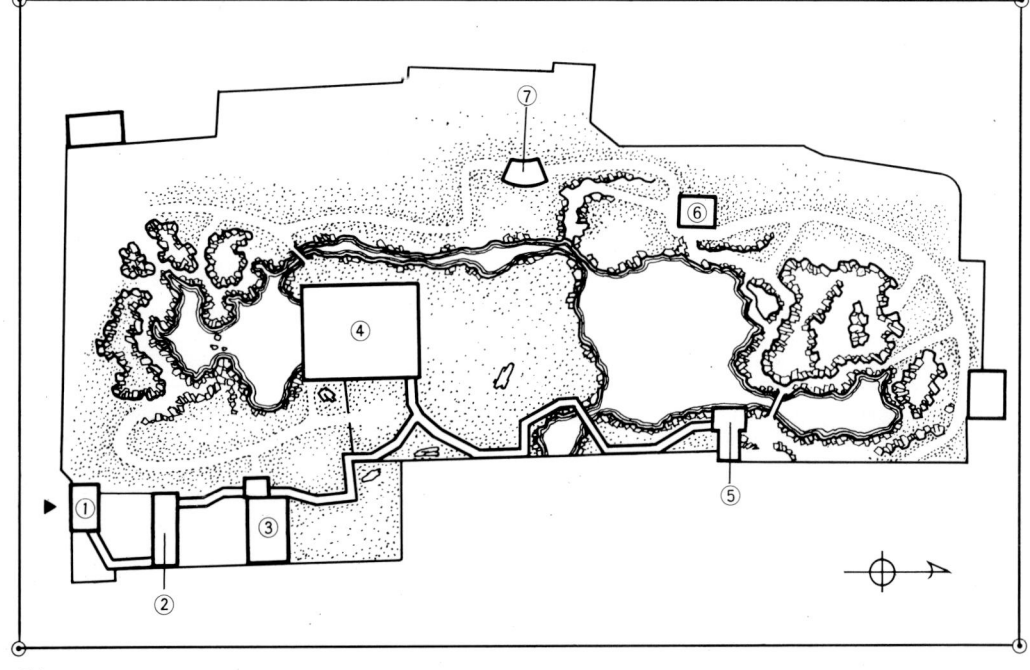

Der Garten der Betrachtung
1 Eingang
2 Kleiner Pavillon
3 Blumenkorbhalle (Hualanting)
4 Halle des Ruhigen Wunderbaren (Jingmiaotang)
5 Wasserpavillon
6 Quadratischer Pavillon
7 Fächerförmiger Pavillon

56. *Der Osteingang und der kleine Pavillon am Wasser.*

57

57. *Der Eingang zum Garten ist auf der Außenseite sehr schlicht gestaltet und läßt eher ein Wohnhaus vermuten. Nach dem Eintreten durch das Tor kann man durch eine Öffnung in der Wand einen großen, bizarr geformten Felsen erblicken – den Steingipfel der Unsterblichen.*
58. *Die Halle des Ruhigen Wunderbaren.*

59

59. Ein gewinkelter Wandelgang unterteilt den Garten in mehrere kleinere
    Einheiten.
60. Grüner Schatten unter einem Rankgerüst.

Der Garten des »Halben Bambus« in Yangzhou

Der Garten des »Halben Bambus« (Geyuan) stammt etwa aus den Jahren der Jiaqing- und Daoguang-Perioden der Qing-Dynastie. Ursprünglich hieß er Garten des Krautes des Langen Lebens (Shouzhiyuan) und gehörte dem Salzhändler Huang Zhiyun. Später gelangte er in den Besitz von Huang Yingtai, der ihn umgestalten und zum großen Teil mit Bambus bepflanzen ließ. Der Name des Gartens bezieht sich auf ein Spiel mit dem Schriftzeichen für »Bambus«: Das Zeichen für »ge« im Namen Geyuan stellt eine Hälfte des Zeichens »zhu«, »Bambus«, dar; der Name soll andeuten, daß man ohne Bambus nicht leben kann.

Der Garten des »Halben Bambus« erstreckt sich in Ost-West-Richtung und weist eine länglich-gewinkelte Form auf. Der Eingang liegt an der Südseite. Gleich nach dem Eintreten erblickt man die auf allen vier Seiten offene Duftblütenhalle (Guihuating), das Hauptgebäude des Gartens. Sie liegt, etwas nach Süden versetzt, in seinem Zentrum. Von hier aus kann man die Szenerie auf allen Seiten genießen. Nördlich der Halle befindet sich ein Teich von gebogener, aber natürlicher Form, der ringsum mit Felsbrocken geschmückt ist. Östlich von ihm steht ein kleiner Pavillon. Über den Teich führen Steinplatten, auf denen man ein hochgelegenes langgestrecktes Haus mit sieben Gefachen an der Nordseite des Teiches erreichen kann. Von hier aus läßt sich der ganze Garten überblicken. Vor dem Haus verläuft ein langer Gang, der mit den künstlichen Felsen auf der Ost- und der Westseite verbunden ist.

Yangzhou ist seit jeher für seine künstlichen Felsgebilde bekannt. Unter den erhaltenen Gärten weist der Garten des »Halben Bambus« die bedeutendsten Felsbildungen auf. Hier gibt es sogar vier künstliche Felsen, auf jeder Seite einen. Im Volksmund heißen sie die »Felsen der Vier Jahreszeiten«. Jeder ist aus anderen Steinen gefügt, und Form, Farbe, Textur und Anlage sind jeweils unterschiedlich gebildet.

Der Frühlingsfelsen auf der Südseite am Eingangstor soll Stalagmiten und schlanken Bambus nachahmen und damit an Bambussprossen im Frühling nach dem Regen erinnern. Tatsächlich vermittelt er ein Gefühl von Frische und Hochgestimmtheit. Der Sommerfelsen liegt im Südwesten. Er ist aus bizarr geformten Steinen gebildet, die als schroffe Brocken wirr übereinanderstehen. Seine Südseite wendet sich dem Teich zu, auf den eine Höhle dieses Felsens mündet. Ein Steinpfad am Teich führt in die Höhle hinein. Sie scheint von unermeßlicher Tiefe zu sein. Von ihr aus kann man über einige verwinkelte Steinstufen zur Spitze des Felsens gelangen – eine äußerst kunstvolle Anlage. Der Herbstfelsen auf der Ostseite des Gartens ist aus Kalkstein geformt. Seine Gipfel, Steilwände, Höhlen und Serpentinen sollen den Eindruck einer Landschaftsmalerei erwecken. Auch die Verwitterung echter Felsen ist hier mit hoher Kunstfertigkeit nachgebildet. Der Farbeindruck ist ein ruhiges Gelbrot, das an die Herbstfärbung des Laubes erinnert. Der Winterfelsen steht in der Südostecke des Gartens vor dem Pavillon »Durchbrechender Mondschein und eindringender Wind« (Touyue loufeng xuan). Er wurde aus weißem Gestein aufgetürmt. Die einzelnen Steine sind rund und von lieblichem Glanz. Die Anlage soll ein schneebedecktes winterliches Gebirge darstellen.

61

61. Das Gartentor.

62. *Der Sommerfelsen, zusammengesetzt aus bizarr geformten Steinbrocken. Mit seiner eigenartigen Form und der Verbindung zum Teich stellt er ein Werk von sehr hohem künstlerischem Niveau dar.*

Der Garten der Zerstreuung in Wuxi

Der Garten der Zerstreuung (Jichangyuan) ist einer der berühmtesten Gärten Südchinas. Mit seiner Anlage wurde in der Periode Zhengde der Ming-Dynastie begonnen. Ursprünglich diente er einer Familie Qin als Wohnsitz und hieß »Sitz im Phönixtal« (Fenggu xingwo). Unter der Qing-Dynastie, zu Beginn der Periode Kangxi, legte Zhang Shi, der Neffe des berühmten Felsgestalters Zhang Nanyuan, in diesem Garten künstliche Felsen an. Die Kaiser Kangxi und Qianlong besuchten beide auf ihren Reisen in den Süden diesen Garten, weshalb er eine Zeitlang sehr berühmt war. Damals waren hier noch verhältnismäßig viele Bauwerke vorhanden; alten Aufzeichnungen zufolge soll es zwanzig verschiedene Szenerien gegeben haben. Kaiser Qianlong schätzte diesen Garten ganz besonders. Daher ließ er nach seinem Vorbild den Garten der Harmonischen Stimmung (Xiequyuan) im Park der Klaren Wellen (Qingyiyuan, dem heutigen Sommerpalast) in Peking anlegen.

. Der Garten der Zerstreuung hat eine schmale, längliche Form und umfaßt etwa 9900 Quadratmeter. Westlich von ihm erhebt sich der Gnadenberg (Huishan), südlich der Zinnberg (Xishan). Das Terrain steigt im Westen an und läuft im Osten flach aus. Aus dem Gnadenberg entspringen viele Quellen, die sich an den niedrigen Stellen zu einer Wasserfläche sammeln, dem See »Zusammengeflossene Brokatwellen« (Jinhuiyi).

Dieser See bildet heute das Zentrum des Gartens der Zerstreuung. Durch die Verbindung mit der ihn umgebenden Landschaft und durch die Einbeziehung der beiden Berge in die Gartengestaltung verschmelzen die vom Menschen geschaffene Szenerie und die natürliche Umgebung zu einem harmonischen Ganzen.

Viele Bauten, die ursprünglich östlich des Teiches standen – unter ihnen die Hütte des Vergangenen Mondes (Xianyuexie), das Studio des Reinen Klanges (Qingxiangzhai) und die Anlage »Üppiger Wuchs im Sonnenrot« (Xiawei) –, sind nicht mehr vorhanden. Heute ragen nur noch der Pavillon der Gewundenen Berge (Yupanting) und das Ge-

bäude »Brüstung des Wissens um die Fische« (Zhiyujian) aus dem sich hinschlängelnden Gang heraus – ideale Stellen zum Betrachten der Landschaftsszenerie auf der Westseite. Die Brüstung des Wissens um die Fische ist auf drei Seiten von Wasser umgeben und bildet das Gegenstück zu dem Strand der Kranichschritte (Hebutan), einer Gruppe von Steinen, die vom anderen Ufer her ins Wasser ragen. Dadurch wird die Wasserfläche eingezogen wie ein Flaschenkürbis, und es entsteht eine Szenerie von scheinbar endloser Tiefe und Ferne.

Am Westufer des Teichs erhebt sich ein aus Erde und Steinen gebildeter künstlicher Berg. Er liegt unterhalb des Gnadenbergs und ahmt dessen langgezogene Form nach, so daß er wie dessen Ausläufer wirkt. In den künstlichen Berg schneidet eine aus Kalkstein gebildete gewundene Schlucht so tief ein, daß ein Mensch sie passieren kann, ohne von außen gesehen zu werden. Es ist, als stünde man in einer verwinkelten Schlucht tief in den Bergen. Am Grunde dieser Schlucht fließt auf der einen Seite der schmale Lauf des »Doppelquells« (Erquan) entlang; an seinem Ursprung, in der Mitte und an seinem Ausfluß bildet er breitere Wasserflächen. Innerhalb der Schlucht zieht er sich auf einem gewundenen Weg mit kleinen Wasserfällen dahin. Nach ihren plätschernden Geräuschen heißt die Schlucht auch »Schlucht der Acht Klänge« (Bayinjian).

Nördlich des Teichs standen einst das Haus des Umringenden Grüns (Huancuilou) und das Große Steinerne Berghaus (Da shi shanfang). An der Stelle des Hauses des Umringenden Grüns wurde später ein Teehaus aus drei Gefachen errichtet. Hier kann man über das Wasser hinweg in die Ferne blicken, aber auch den Zinnberg mit seiner Pagode sich im Wasser spiegeln sehen. Vor dem Teehaus stellt die Siebengestirnbrücke (Qixingqiao) die Verbindung zwischen dem Nord- und dem Ostufer her. Die Brücke liegt dicht über der Wasseroberfläche. Ihr Spiegelbild gleicht einem Gemälde, so daß die Gartenszenerie noch stiller und tiefer verborgen wirkt.

63

63. Die Szenerie des Zinnberges im Süden ist in den Garten einbezogen.

64. *Die Brüstung des Wissens um die Fische und der Strand der Kranichschritte.*
65. *Steintisch und Steinhocker im Pavillon der Gewundenen Berge. Der Überlieferung nach hat hier einst der Qing-Kaiser Qianlong mit Mönchen Schach gespielt.*

66

66. *In der Schlucht der Acht Klänge bringt das fließende Wasser plätschernde Geräusche hervor, so daß man meint, in einem verborgenen Tal tief in den Bergen zu stehen.*

67. *Hügel und Wasser verbinden sich mit dem Gnadenberg zu einer Einheit.*

Der Garten der Politik des Einfachen Mannes in Suzhou

Der Garten der Politik des Einfachen Mannes (Zhuozhengyuan) liegt an der Nordost-Straße innerhalb des Loumen-Tores. Er wurde in der Periode Jiajing der Ming-Dynastie vom Zensor Wang Xianchen angelegt. Der Name spielt auf eine Stelle in der »Reimprosa vom müßigen Verweilen« (Xianjufu) von Pan Yue (247–300) an. Der Dichter bezeichnet in diesem Werk das Anlegen eines Gartens, das selbstgenügsame Verweilen darin und solche Beschäftigungen wie Angeln, Pflanzenpflege oder Tierhaltung als »Politik des einfachen Mannes«. Später wechselte der Garten mehrfach den Besitzer und wurde öfter umgebaut. In der Taiping-Zeit diente er als Sitz des »Treuen Königs« (zhongwang) Li Xiucheng. Der Garten der Politik des Einfachen Mannes ist ein repräsentatives Beispiel der Gartenkunst von Suzhou.

Der Garten liegt nördlich vom Wohnhaus und besteht aus drei Teilen: dem Garten der Politik des Einfachen Mannes in der Mitte, dem Ergänzungsgarten im Westen und der Gartenwohnung »Rückkehr auf die Felder« (Guitian yuanju) im Osten.

Im Mittelteil befinden sich die edelsten Anlagen des gesamten Komplexes. Teiche bilden das Zentrum der Komposition, und die wichtigsten Bauten sind alle um das Wasser herum angeordnet. Die Wasserfläche wird durch Brücken und Inseln in Teile von unterschiedlicher Form und Größe geschieden. Das Ufer ist reich an Abwechslungen. Das Hauptgebäude ist die Halle des Fernen Duftes (Yuanxiangtang), von wo aus man die Szenerie auf allen vier Seiten betrachten kann. Westlich von dieser Halle liegt eine ganze Reihe von Bauten unterschiedlicher Form, darunter der Pavillon des Rohrschilfs (Yiyuxuan), die Duftinsel (Xiangzhou), die Magnolienhalle (Yulantang), der Pavillon des Erlangens des Wahren (Dezhenting), das »Kleine Wassergrün« (Xiaocang-

lang) und der Kleine Fliegende Regenbogen (Xiaofeihong), die den Raum vielgestaltig gliedern. Blickt man von der Halle des Fernen Duftes nach Norden, so öffnet sich eine weite Landschaftsszenerie. Auf dem Gipfel des Berges steht der Pavillon »Schneeduft und Wolkenüppigkeit« (Xuexiang yunwei ting). Östlich und südlich von der Halle erstreckt sich – mit gelegentlichen Unterbrechungen – ein künstlicher Berg aus Erde und Steinen mit dem Pavillon der Bestickten Seide (Xiuqiting) auf seinem östlichen Teil. Südlich von dem Pavillon im Wollmispelgarten (Pipayuan) bildet ein Pflaster aus farbigen Kieselsteinen ein brokatähnliches Muster. Der Garten ist von einer Mauer mit Wolkenmustern eingefaßt und hat einen sehr vornehmen Charakter. Eine kreisförmige Öffnung in der Mauer, ein sogenanntes Mondtor, gibt den Blick zum Pavillon »Schneeduft und Wolkenüppigkeit« frei.

Passiert man die Stelle »Ein anderes Himmelreich« (Bieyou dongtian), so gelangt man in den westlich gelegenen Ergänzungsgarten. Auch hier bildet ein Teich den Mittelpunkt. Das Hauptgebäude, das Haus der 36 Mandarinenten (Sanshiliu yuanyang guan), steht auf seinem Südufer. Die Nordseite ziert ein künstlicher Felsen mit einem Pavillon. Der Pagodenschattenpavillon (Tayingting), der Bergbachgraben (Xijian) und der Wassergang (Shuilang) bilden die edelsten Schöpfungen in diesem Teil des Gartens.

Durch die »Frühlingssenke der Apfelbäume« (Haitang chunwu) gelangt man an die Stelle der alten, östlich gelegenen Gartenwohnung »Rückkehr auf die Felder«. Nach der Gründung der Volksrepublik China wurden hier Erweiterungen durchgeführt. Hügel, Wiesen, Kiefernhaine und freie Plätze bilden hier eine Komposition, in der sich traditioneller Stil und moderne Gestaltung miteinander verbinden.

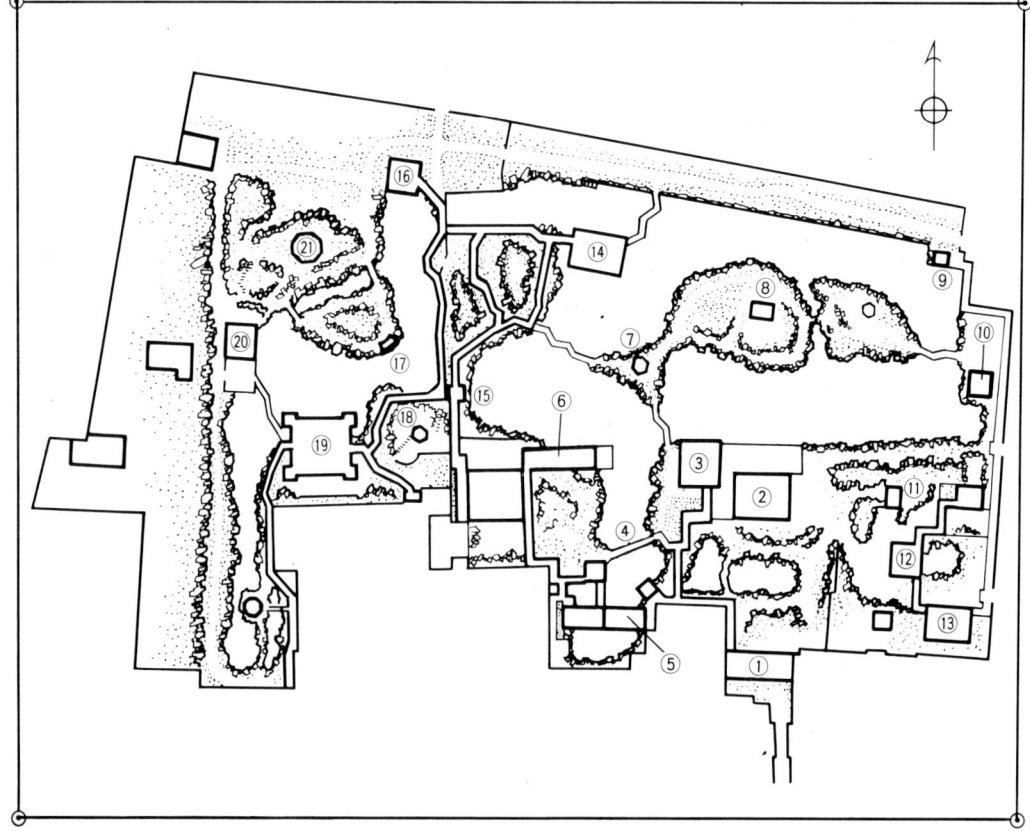

Garten der Politik des Einfachen Mannes
1 *Eingang*
2 *Halle des Fernen Duftes (Yuanxiangtang)*
3 *Pavillon des Rohrschilfs (Yiyuxuan)*
4 *Kleiner Fliegender Regenbogen (Xiaofeihong)*
5 *»Kleines Wassergrün« (Xiaocanglang)*
6 *Duftinsel (Xiangzhou)*
7 *Pavillon »Lotoswind auf Vier Seiten« (Hefeng simian ting)*
8 *Pavillon »Schneeduft und Wolkenüppigkeit« (Xuexiang yunwei ting)*
9 *Pavillon der Grünen Wellen (Lüyiting)*
10 *Verborgene Klause zwischen Wutong-Baum und Bambus (Wuzhu youju)*
11 *Pavillon der Bestickten Seide (Xiuqiting)*
12 *Haus der Zierlichkeit (Linglongguan)*
13 *Pavillon des Horchens auf den Regen (Tingyuxuan)*
14 *Haus des Erblickens der Berge (Jianshanlou)*
15 *Ein anderes Himmelreich (Bieyou dongtian)*
16 *Halle des Umgekehrten Schattens (Daoyingge)*
17 *Pavillon des »Mit-jemandem-Zusammensitzens« (Yu shui tongzuoxuan)*
18 *Pavillon der günstigen Zwei (Yiliangting)*
19 *Haus der 36 Mandarinenten (Sanshiliu yuanyang guan)*
20 *Halle des Bleibens und Horchens (Liutingge)*
21 *Halle des Schwimmenden Grün (Foucuige)*

68

68. *Die Halle des Fernen Duftes und der Pavillon des Rohrschilfs am Südufer des Teichs* (Foto: *Feng Yunqing*).

69

70

69. Der Pavillon »Lotoswind auf Vier Seiten« auf der Westseite der Insel,
    vom Haus des Erblickens der Berge aus gesehen.
70. Der über das Wasser führende lange Gang auf der Ostseite im
    Ergänzungsgarten und der Pavillon der Günstigen Zwei in der Südostecke
    kontrastieren mit der natürlichen Szenerie aus Felsen und Bäumen auf
    der gegenüberliegenden Seite.
71. Der leicht gewölbte Brückengang »Kleiner Fliegender Regenbogen«.

71

73

72. *Der Pavillon der Grünen Wellen in der Nordostecke des Gartens.*

73. *Steine des Teichufers ragen in das Wasser. Der Eindruck von Natürlichkeit wird durch die üppige Bepflanzung mit Blumen und Kräutern noch betont.*

74. *Der Pavillon »Verborgene Klause zwischen Wutong-Baum und Bambus« bildet mit seinen auf allen vier Seiten offenen Toren einen kunstvoll vervielfachten Rahmen für die Szenerie.*

74

Der Garten des Verweilens in Suzhou

Der Garten des Verweilens (Liuyuan), einer von den großen Gärten in Suzhou, liegt außerhalb des Changmen-Tores. In den Jahren der Periode Wanli der Ming-Dynastie zunächst als Ostgarten (Dongyuan) von Xu Shitai angelegt, wurde er in der Jiaqing-Periode der Qing-Dynastie von Liu Shu umgestaltet und in »Bergsitz des Kalten Azurs« (Hanbi shanzhuang) umbenannt. In der Periode Guangxu erfuhr er nochmals Veränderungen und erhielt den Namen »Garten des Verweilens«.

Die ganze Anlage kann in vier Teile geschieden werden. In der Mitte liegt die alte Stelle des Bergsitzes des Kalten Azurs, die Hauptszenerie des Gartens. Die drei Teile im Osten, Norden und Westen wurden in den Jahren der Periode Guangxu hinzugefügt. Auf der Ostseite des Mittelteiles überwiegen die Bauten. Durch das Haus des Gewundenen Bachs (Quxilou), das Haus der Genien der Fünf Gipfel (Wufeng xianguan, auch Halle aus Nanmu-Holz, Nanmuting, genannt), die Kranich-Stelle (Hesuo), den Pavillon des Grüßens des Gipfels (Yifengxuan), die Leseklause »Rückkehr zu mir selbst« (Huanwo dushuchu) und ähnliche größere und kleinere Bauten werden abwechslungsreiche Räume geschaffen, die durch gewundene Wandelgänge miteinander verbunden sind. Die Westseite des Mittelteils bilden Felsen und ein Teich. Die wichtigen Bauten zum Betrachten der Szenerie liegen südlich vom Teich: das Berghaus des Eingeschlossenen Azurs (Hanbi shanfang) und das Haus der Klaren Zither (Mingselou). In östlicher Richtung sind sie

durch die kleinen Pavillons »Grüner Schatten« (Lüyin) und »Alte Bäume mit verschränkten Ästen« (Gumu jiaoke) sowie einen Wandelgang mit der Brücke des Gewundenen Bachs (Quxiqiao) auf der Ostseite des Teichs verbunden. Nördlich vom Teich liegen ein künstlicher Felsen und ein Hain, in dem der »Kann«-Pavillon (Keting) unscharf zu erkennen ist. Die »Kleine Penglai-Insel« inmitten des Teichs ist durch eine flache Brücke mit dem Ostufer verbunden. Der künstliche Felsen auf der Westseite trägt den Pavillon des Riechens des Duftes der Duftblüten (Wen muxixiang xuan).

Im Ostteil bilden das Haus des Alten Gelehrten am Waldquell (Linquan qishi zhi guan), die Terrasse des Aufragens in die Wolken (Guanyuntai) und das Haus des Aufragens in die Wolken (Guanyunlou) einen Hof, in dessen Mittelpunkt die etwa zehn Meter hohe Felsspitze des Aufragens in die Wolken (Guanyunfeng) steht. Mit ihrem kleinen Wasserbecken ist diese Anlage grundverschieden von der weiträumigen Landschaft im Mittelteil.

Im Westteil liegt ein Hügel, der mit einem Amberbaumhain bepflanzt ist und einen kleinen Pavillon trägt. Von dem Hügel aus kann man in der Ferne die Pagode des Tigerhügels (Huqiuta) sehen.

Die Bauten im Garten des Verweilens sind überaus formenreich, von erlesener Struktur und wohlgeordnet zusammengesetzt. Eine wichtige Besonderheit dieses Gartens bilden die offenen Fenster und Türrahmen.

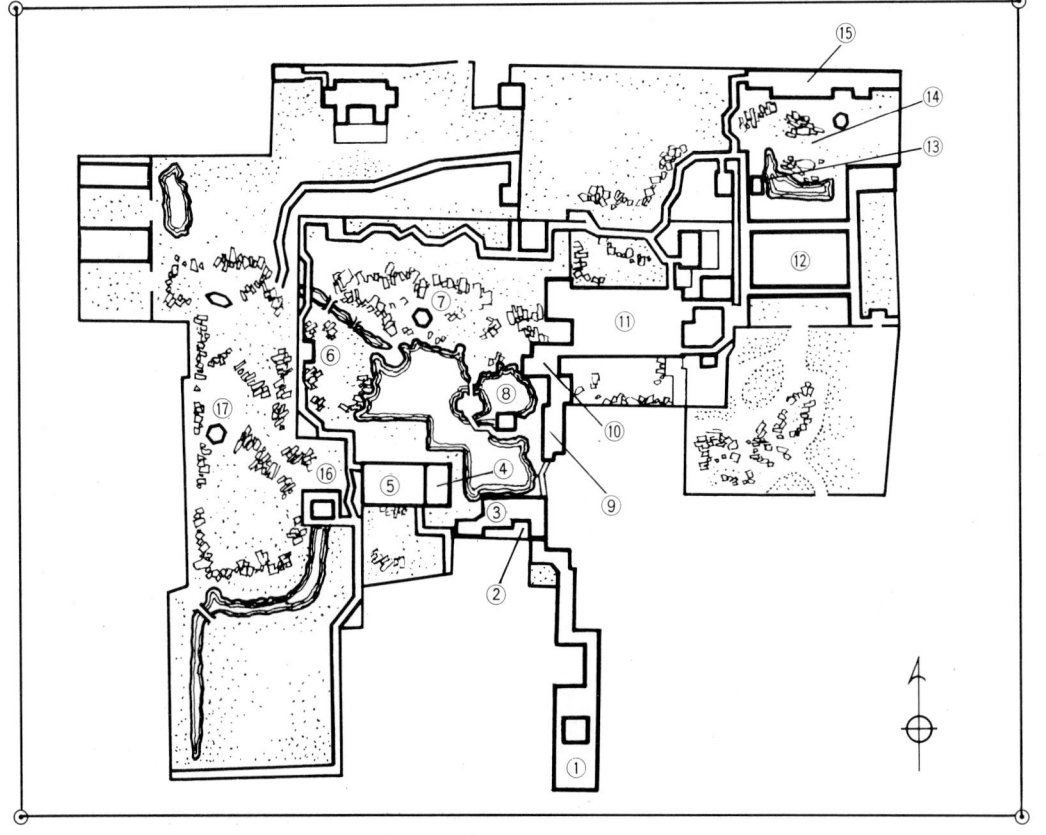

Garten des Verweilens
1 Eingang
2 Alte Bäume mit Verschränkten Ästen (Gumu jiaoke)
3 Grüner Schatten (Lüyin)
4 Haus der Klaren Zither (Mingselou)
5 Berghaus des Eingeschlossenen Azurs (Hanbi shanfang)
6 Pavillon des Riechens des Duftes der Duftblüten (Wen muxixiang xuan)
7 »Kann«-Pavillon (Keting)
8 Pavillon des Hao- und Pu-Gewässers (Haoputing)
9 Haus des Gewundenen Bachs (Quxilou)
10 Haus am Teich des Klaren Windes (Qingfeng chi guan)
11 Haus der Genien der Fünf Gipfel (Wufeng xianguan)
12 Haus des Alten Gelehrten am Waldquell (Linquan qishi zhi guan)
13 Terrasse des Aufragens in die Wolken (Guanyuntai)
14 Felsspitze des Aufragens in die Wolken (Guanyunfeng)
15 Haus des Aufragens in die Wolken (Guanyunlou)
16 Stelle »Springlebendig« (Huopopodi)
17 Pavillon des Geruhsamen Pfeifens (Shuxiaoting)

75

75. Im weiträumigen und hellen Garten des Verweilens sind Häuser, Gänge,
    Bäume und Steine so zueinander gesetzt, daß sie harmonisch miteinander
    verschmelzen.
76. Die Hofanlage der Felsspitze des Aufragens in die Wolken.

78

79

77. *Ein Winkel mit dem Haus am Teich des Klaren Windes, dem Haus des Gewundenen Bachs und dem Pavillon des Hao- und Pu-Gewässers.*
78. *Ein verwinkelter, reizvoller Gang.*
79. *Die offene Szenerie nördlich vom Teich. Auf dem künstlichen Felsen steht der »Kann«-Pavillon.*

77

80

80. Eines der vielgestaltigen durchbrochenen Fenster im Garten des Verweilens.
81. Die bis auf den Boden reichenden Fenster im Haus der Genien der Fünf Gipfel mit ihrem erlesenen Schmuck aus Gitterwerk.

81

82

82. *Das Pflaster der »Blumenstraße« bietet einen lieblichen Anblick.*

83. *Innenansicht des Hauses der Genien der Fünf Gipfel. Die symmetrisch angeordneten Möbel und der Schmuck des Raumes wirken harmonisch und klar.*

83

Der Garten des Meisters der Netze in Suzhou

Der Garten des Meisters der Netze (Wangshiyuan) befindet sich an der Stelle, wo zur Süd-Song-Zeit die Halle der Zehntausend Bücherrollen (Wanjuantang) von Shi Zhengzhi gestanden hat. In der Periode Qianlong der Qing-Dynastie wurde er neu angelegt und umbenannt.

Der Garten liegt westlich des Wohnbereichs. Sein Zentrum wird von einem Teich gebildet. Die Szenerie des Nordufers bestimmen einige Bauten, darunter das Haus des Erblickens der Kiefern und des Betrachtens der Bilder (Kan song du hua xuan) und das Studio der Gesammelten Leere (Jixuzhai). Sie weisen unterschiedliche Höhen auf und sind geschickt gegeneinander versetzt. Auf der Westseite liegt ein stiller und schöner kleiner Hof mit der Hütte des Dritten Monats (Dianchunyi) als Hauptbau auf seiner Nordseite. Südlich des Teichs bilden das Haus des Kleinen Hügels mit dem Zimtbaumhain (Xiaoshan conggui xuan), das Wasserhaus der Zurückgezogenheit (Zhuoying shuige), das Haus der Verwirklichung der Harmonie (Daoheguan) und die Zitherklause

(Qinshi) mehrere verwinkelte und stille kleine Höfe. Zwischen dem Hauptgebäude, dem Haus des Kleinen Hügels mit dem Zimtbaumhain, und dem Teich wurde als Sichtblende ein etwas höherer künstlicher Felsen angelegt – ein ungewöhnliches Verfahren. Der Teich nimmt bei einer annähernd quadratischen Form eine ziemlich große Fläche ein. Er wird von Pavillons, Wandelgängen, über dem Wasser stehenden Bauten, Brücken und Felsen eingefaßt, die eine abwechslungsreiche Szenerie formen. Das Ufer ist aus Kalkstein aufgeführt, wobei kunstvolle Nischen gebildet wurden – eine Übernahme aus der chinesischen Landschaftsmalerei in die Gartengestaltung.

Die Plangestaltung im Garten des Meisters der Netze ist locker, die Behandlung der Bauten, der Brücken und Gänge sowie der Hofräume von feiner Harmonie, das Ganze mit höchster handwerklicher Kunstfertigkeit ausgeführt. Unter den südchinesischen Gärten ist dies eine Schöpfung mit starkem künstlerischem Eigencharakter.

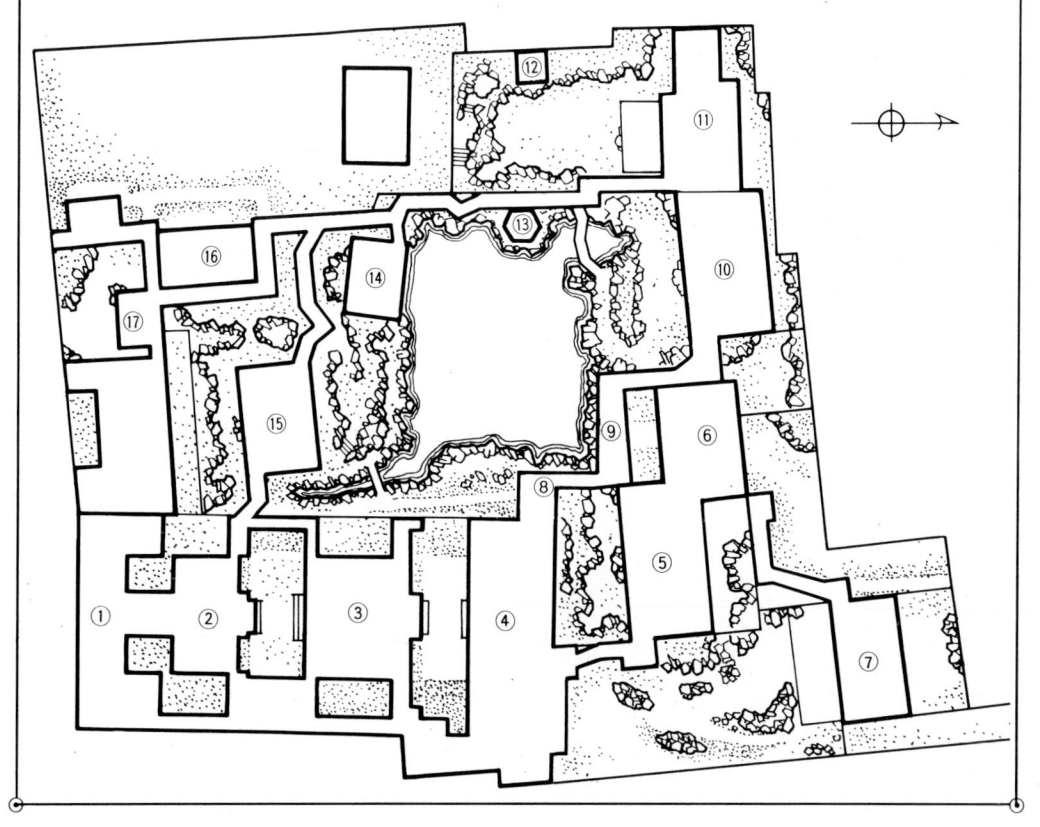

Garten des Meisters der Netze
1. *Haupttor (Damen)*
2. *Vorhalle (Jiaoting)*
3. *Große Halle (Dating)*
4. *Haus des Blütenpflückens (Xiexiulou)*
5. *Bibliothek der Fünf Gipfel (Wufeng shuwu)*
6. *Studio der Gesammelten Leere (Jixuzhai)*
7. *Klause des Tiyun-Tals (Tiyunshi)*
8. *Gang des Entenschießens (Sheyalang)*
9. *Haus des Einsamen Zweiges neben dem Bambus (Zhu wai yi zhi xuan)*
10. *Haus des Erblickens der Kiefern und des Betrachtens der Bilder (Kan song du hua xuan)*
11. *Hütte des Dritten Monats (Dianchunyi)*
12. *Pavillon der Kalten Quelle (Lengquanting)*
13. *Pavillon »Der Mond ist aufgegangen und der Wind kommt« (Yue dao feng lai ting)*
14. *Wasserhaus der Zurückgezogenheit (Zhuoying shuige)*
15. *Haus des Kleinen Hügels mit dem Zimtbaumhain (Xiaoshan conggui xuan)*
16. *Haus der Verwirklichung der Harmonie (Daoheguan)*
17. *Zitherklause (Qinshi)*

84. In der glatten Wand erscheint in einem
schlichten Rahmen ein chinesisches Bild voller
Poesie: »Kleine Brücke, fließendes Wasser,
Haus von Menschen«.
85. Die Hofanlage der Hütte des Dritten Monats.
Die Anordnung von Bauten, Bäumen und
Felsen ist klar und ausgeglichen.
86. Die Felsen am Nordufer des Teichs und das
Haus des Einsamen Zweiges neben dem
Bambus. Das Teichufer mit seinen vielen
Ecken und der gerade, klare Bau bilden einen
interessanten Kontrast.

87

88

87. *Ziegelskulptur über dem Tor zum Hof vor der Haupthalle. Das figürliche Relief und die durchbrochene Umrahmung mit Blüten sind überaus fein und lebendig gearbeitet.*

88. *Die Felsbrocken hinter dem Haus des Kleinen Hügels mit dem Zimtbaumhain.*

89. *Fensterszenerie in der Hütte des Dritten Monats (Foto: Feng Yunqing).*

90. *Steingeländer, Pflaster und Felsen im Hof der Hütte des Dritten Monats.*

91. *Der Gang des Entenschießens und das Haus des Einsamen Zweiges neben dem Bambus. Die unregelmäßigen Dächer und die weißen Mauern ergeben einen Rhythmus von »offen und geschlossen«, »schwarz und weiß«.*

89

90

Der Löwenwald in Suzhou

Der Löwenwald (Shizilin) wurde vom Chan-Meister Tianru zum Gedenken an seinen Lehrer, den Mönch Zhongfeng, in der Periode Zhizheng der Yuan-Dynastie angelegt. Ursprünglich bildete er einen Teil des Puti-zhengzong-Tempels. Erst später erhielt er den Namen Löwenwald-Tempel (Shilinsi) oder Huachan-Tempel, weil die zahlreichen Felsspitzen des Gartens löwenähnliche Gestalt haben. Der große Maler der Yuan-Dynastie Ni Zan (1301–1374) schuf die »Bildrolle vom Löwenwald« (Shizilin tujuan), wodurch der Garten zeitweilig größte Berühmtheit erlangte. Später ging ein Teil des Gartens in Privatbesitz über. Er verfiel mehrfach, wurde jedoch immer wieder aufgebaut. Auch die Qing-Kaiser Kangxi und Qianlong besuchten den Löwenwald mehrmals und bildeten ihn in der Kaiserlichen Sommerresidenz in Chengde nach.

Der Löwenwald besitzt eine dichte Struktur. Im Ostteil überwiegen die Felsen, im Westteil das Wasser. Die Hauptgebäude stehen im Norden der Anlage. Auf allen Seiten wird der Garten von Pavillons und über dem Wasser stehenden Bauten geziert, die durch lange Gänge miteinander verbunden sind. Das Auf und Ab der Höhen und die Verwinkelungen verleihen der Anlage ihren besonderen Charakter.

Hinter dem Eingang liegen auf einer Achse mehrere Höfe mit der Halle des Ruhigen Lebens und des Unbescholtenen Rufes (Yanyutang) und der Kleinen Quadratischen Halle (Xiaofangting) hintereinander. In die westliche Mauer im Hof hinter der Kleinen Quadratischen Halle ist ein offenes Tor in Form einer Pflaumenblüte eingelassen. Davor sind Felsbrocken und Bambus gesetzt, so daß ein äußerst lieblicher Rahmen entsteht. Durch dieses Tor gelangt man in den Hauptteil des Gartens. Hinter dem Tor liegt nordwärts das Hauptgebäude, das Haus des Zeigens auf die Zypressen (Zhiboxuan). Schaut man, auf das Geländer dieses Hauses gelehnt, nach Süden, so erblickt man dichtstehende Felsspitzen und hochaufragende alte Zypressen. Auf der Westseite dieses Hau-

ses stehen, zum Wasser hin angelegt, das Haus des Erblickens der Berge (Jianshanlou) und die Lotosblütenhalle (Hehuating). Weiter westwärts folgen nahe am Wasser der Pavillon der Wahren Neigung (Zhenquting), das Steinschiff (Shifang) und das Haus des Dunklen Duftes und des Lockeren Schattens (Anxiang shuying lou). Durch einen Wandelgang biegt man nach Süden zum Pavillon des Fliegenden Wasserfalls (Feiputing), der höchsten Stelle im ganzen Garten. Hier sind bizarre Felsen mehrfach übereinandergetürmt, und man blickt in eine tiefe Schlucht. Früher wurde hier aus einem Wasserbehälter ein künstlicher Wasserfall gespeist. An der Nordseite des Gartens stehen das Haus des Fragens nach den Pflaumenblüten (Wenmeige) und das Haus der Genien des Doppelten Duftes (Shuangxiang xianguan), an der Ostseite der Fächerpavillon (Shanziting) und der Pavillon mit der Stele für den Dichter Wen Tianxiang (1236–1282).

Der Löwenwald ist wegen seiner Felsspitzen und künstlichen Berge berühmt. Von diesen sind die künstlichen Felsen vor dem Haus des Zeigens auf die Zypressen am eigenartigsten. Sie tragen Namen wie »Einbehaltenes Sonnenlicht« (Hanhui), »Hervorkommender Mond« (Tuyue), »Dunkler Jade« (Xuanyu) oder »Hohes Firmament« (Angxiao); der wichtigste Felsen heißt »Löwenfels« (Shizifeng). Die Stufen und Höhlen in den Felsen führen über gewundene Wege und gleichen einem Labyrinth. Hinter jeder Höhle tut sich eine neue Szenerie auf. Daher spricht man auch von den »Achtzehn Szenerien des Pfirsichquells«. Im Zentrum dieser künstlichen Felsen steht die Klause der Ruhenden Wolken (Woyunshi). Hier scheint es einem, als sei man in die wunderbare Welt eines steinernen Waldes geraten. Die ganze Anlage besteht aus künstlich durchlöcherten Steinen. Von außen gesehen ragt sie gewaltig auf, von innen aber wirkt sie hohl und durchbrochen – ein Meisterwerk an Kunstfertigkeit.

92

92. *Der Pavillon im Herzen des Sees und der Pavillon der Wahren Neigung.*

93

94

93. *Die Westseite des Hauses des Zeigens auf die Zypressen.*
94. *Das offene Tor in Pflaumenblütenform bildet mit dem Bambus und dem Felsen ein bewegendes Bild.*
95. *Die Lotosblütenhalle und das Haus des Erblickens der Berge. Die Steine am Ufer und die aus dem Wasser ragenden Felsspitzen lassen das Wasser tief und unergründlich erscheinen.*

95

Der Pavillon »Wassergrün« in Suzhou

Der Pavillon »Wassergrün« (Canglangting) weist von den Gärten in Suzhou die längste Geschichte auf. Am Ende der Fünf Dynastien befand sich hier der Sommersitz von Sun Chengyou, einem einflußreichen Beamten des Staates Wu-Yue. Der Dichter der Nord-Song-Dynastie Su Zimei (1008–1048) errichtete in dem Garten den Pavillon »Wassergrün«. Zur Zeit der Süd-Song-Dynastie wohnte hier der durch seinen Kampf gegen das Jin-Reich berühmte General Han Shizhong (1089–1151). In der Ming-Zeit wurde das Anwesen zu einem Tempel umgestaltet. Die heutige Anlage ist zum größten Teil in den Perioden Qianlong, Daoguang und Tongzhi der Qing-Dynastie wiedererrichtet worden.

In diesem Garten bildet eine Bergwaldszenerie den Mittelpunkt. Die Bauten sind um die Berge herum angeordnet. Außen ist die Anlage von Wasser umgeben. Der Eingang zum Garten besteht aus dem Schmucktor der Schönheiten des Pavillons »Wassergrün« (Canglang shengji paifang) und einer steinernen Brücke. Von hier gelangt man ostwärts zum Haus mit dem Gesicht zum Wasser (Mianshuixuan). Im Norden ist es von Wasser, im Süden von künstlichen Felsen umgeben. Vom Haus mit dem Gesicht zum Wasser führt ein Gang nach Osten, von dem aus man durch die »Blütenfenster« in der Wand die Bergszenerie inner- und außerhalb des Gartens betrachten kann. Weiter ostwärts erreicht man zunächst einen quadratischen Pavillon, der mit drei Seiten unmittelbar am Wasser steht. Diese Stelle heißt »Angelterrasse« (Diaoyutai). Schließlich gelangt man am Ende des Ganges über einen schmalen Pfad zum Pavillon »Wassergrün«. Mit seinem quadratischen Grundriß, seinen steinernen Pfeilern und Balken weist er eine einfache, altertümliche Form auf. Er ist zur Zeit des Kaisers Qianlong erbaut worden. Einen der Querbalken ziert die Inschrift »Wassergrün« (canglang). In die Pfeiler sind zwei Zeilen aus einem Gedicht eingemeißelt: »Der reine Wind und der klare Mond haben an sich keinen Wert – nahe dem Wasser mit Bergen in der Ferne erwecken sie aber Gefühle.« Der Pavillon steht auf dem Ostteil des künstlichen Berges in der Mitte des Gartens und ist auf allen Seiten von Grün umgeben. Verweilt man hier ein wenig, so fühlt man sich wie in einem verborgenen Tal tief in den Bergen. Dieser Teil des künstlichen Berges wurde aus Kalkstein und Erde aufgeführt und wirkt so außerordentlich natürlich. Der Bergpfad ist geschlängelt, Brücken führen über Täler mit Bächen. Der Westteil dagegen ist aus bizarren durchlöcherten Steinen aufgehäuft. An seinem Fuße steht ein großer Stein mit der eingravierten Inschrift »Fließender Jade« (Liuyu).

Südlich dieser Bergszenerie befinden sich zwei Baugruppen mit Höfen. Die auf der Ostseite mit der Halle des Klaren Dao (Mingdaotang) und der Welt der Jadenen Blüten (Yaohua jingjie) ist ziemlich groß und erzeugt eine Atmosphäre von Strenge und Ruhe. Die westliche besteht aus verwinkelten, vielgestaltigen Höfen unterschiedlicher Größe mit dem Haus des Reinen Duftes (Qingxiangguan), dem Tempel der 500 Großen Genien (Wubai mingxian ci), der Halle der Verehrung (Yangzhitang), der Stelle »Grüne Zierlichkeit« (Cui linglong), dem Wasserhaus der Lotosblüten (Ouhua shuixie) und einem Wandelgang. Das Haus des Sehens der Berge (Kanshanlou) am äußersten Südende des Gartens steht auf einem künstlichen Hügel und ist von leichter Struktur. Vor ihm befindet sich ein künstlicher Felsen, in den nach einer handschriftlichen Vorlage von Lin Zexu (1785–1850) die vier Zeichen »Yuan ling zheng jian« (etwa »Die Seele des Gartens gibt sich zu erkennen«) eingemeißelt sind.

96

96. *Der Pavillon »Wassergrün« hoch auf dem Gipfel des Hügels.*

97

98

97. Die Stelle »Grüne Zierlichkeit«.
98. Die Möbel in der Halle des Klaren Dao sind aus Baumwurzeln geschnitzt.

120

99. *Der Pavillon der Kaiserlichen Inschrift (Yubeiting) beherbergt eine*
Platte mit einer eingravierten Inschrift, deren Vorlage von Kaiser
Kangxi stammt.

100

101

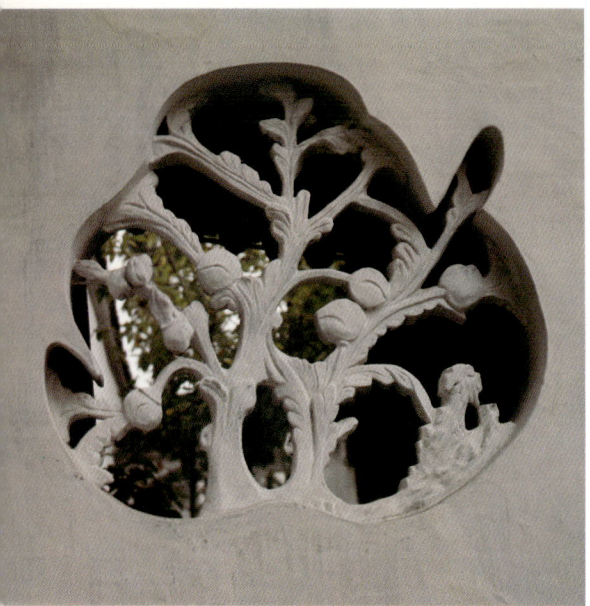

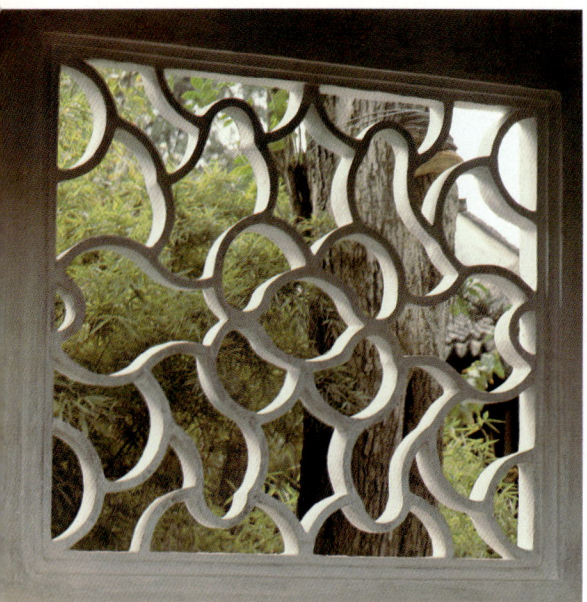

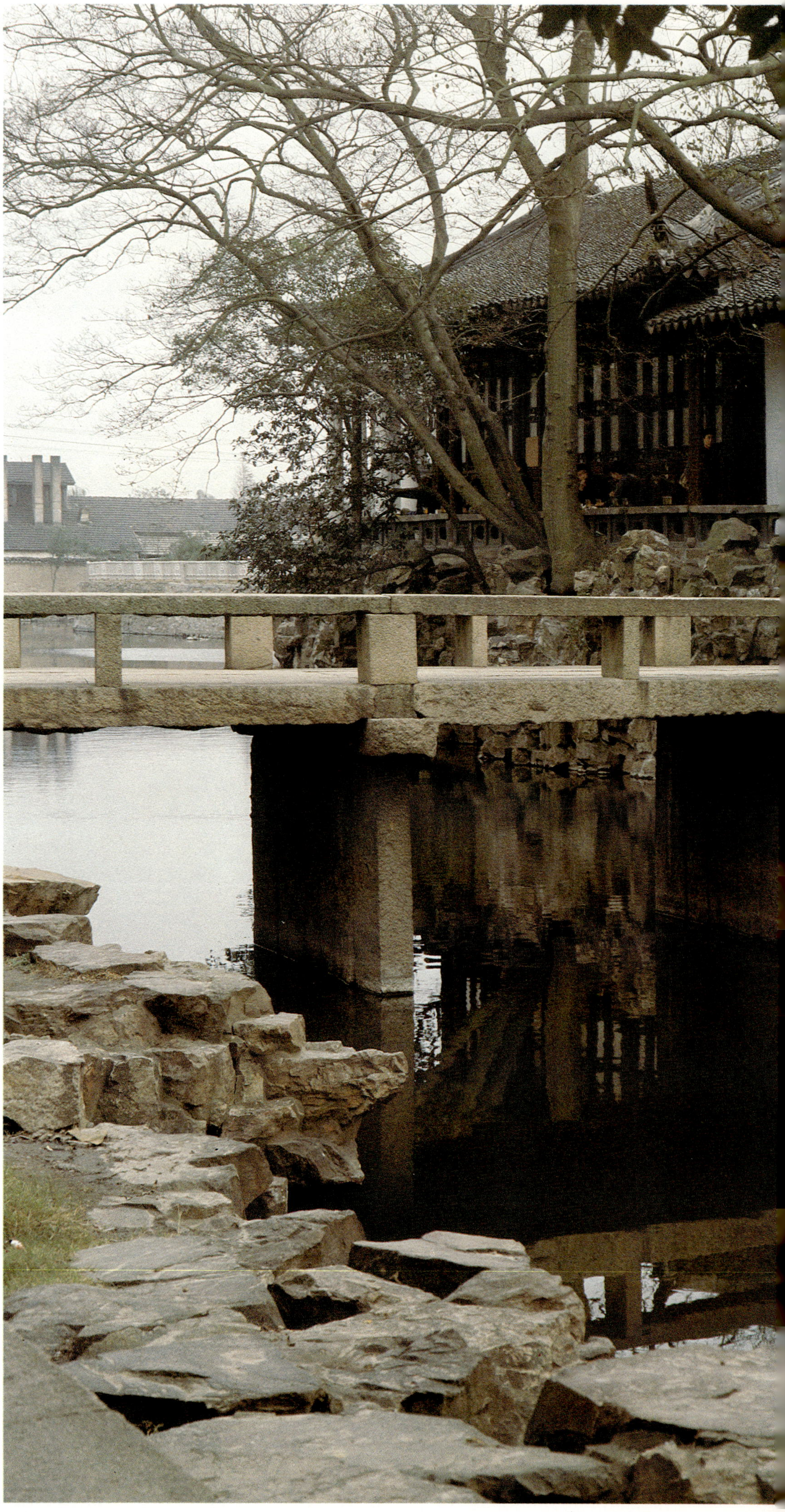

102

100. Blütenfenster mit Schnitzwerk.
101. Ein durchbrochenes Fenster.
102. Über einen klaren Teich führt diese steinerne Brücke zum Eingang des Gartens.

Der Garten der Zufriedenheit in Suzhou

Der Garten der Zufriedenheit (Yiyuan) diente ursprünglich als Wohnsitz des Ministers der Ming-Dynastie Wu Kuan (1435–1504). Zu Beginn der Periode Guangxu der Qing-Dynastie wurde er von Gu Zishan erweitert, wobei der Garten durch einen Doppelgang in einen Ost- und einen Westteil getrennt wurde. Der Westteil stellt den von Herrn Gu neuerbauten Teil, der Ostteil den alten Garten von Herrn Wu dar. Die Gesamtfläche beträgt etwa 6000 Quadratmeter.

Der Garten der Zufriedenheit ist der jüngste in der Reihe der Gärten von Suzhou. So konnte man bei seiner Anlage die Vorzüge der verschiedenen Gärten studieren und daraus etwas Eigenes schaffen. Bei den Doppelgängen übernahm man den Stil des Pavillons »Wassergrün«, bei den künstlichen Felsen richtete man sich nach dem Bergsitz »Umringt von Blüten« (Huanxiu shanzhuang), bei den Lotosteichen ahmte man den Garten des Meisters der Netze nach, so daß hier trotz der kleinen Fläche eine überaus reiche Gartenszenerie entstand. Außerdem zeichnet sich dieser Garten durch eine Fülle von Gedicht- und Essayzeilen in den Schriftzügen der Literaten verschiedener historischer Epochen aus.

Der Westteil bildet zugleich den Hauptteil des Gartens. In der Mitte liegt hier ein natürlich gekrümmter Teich. Nördlich davon befindet sich ein aus bizarren durchlöcherten Steinen aufgetürmter künstlicher Felsen mit einem sechseckigen Pavillon auf der Spitze, der den Namen »Kleines ›Wassergrün‹« (Xiaocanglang) trägt. In dem Pavillon hängen, in den Zügen der Grasschrift von Zhu Zhishan in Holztafeln geschnitzt, die Zeilen: »Mondschein inmitten des Bambus allenthalben – zwischen den Kiefern säuselt der Wind.« Hinter dem Pavillon sind Felsbrocken in der Form eines Wandschirms aufgeschichtet; sie tragen den Namen »Dreifach Gestufter Wandschirm« (Pingfeng sandie) und gehören zu den merkwürdigsten Felsbildungen in diesem Garten. An der Südseite des Teichs steht die Haupthalle, deren Terrasse sich in den Teich hinein erstreckt. Diese Halle hat die Form einer Mandarinentenhalle: Ihre Nordhälfte heißt »Hütte des Lotosduftes« (Ouxiangxie, auch »Halle der Lotosblüten«, Hehuating), ihre Südhälfte »Hütte des Hackenförmigen Mondes« (Zhuyuexuan, auch »Halle der Pflaumenblüten«, Meihua-

ting). Es ist zweifellos der schönste Ort im ganzen Garten. In der Hütte des Lotosduftes stehen Möbel, die aus den Wurzeln des Japanischen Buchsbaumes (Buxus japonica) und des Nanmu-Baumes (Phoebe nanmu) gefertigt wurden und absonderliche Formen haben. Westlich von der Hütte des Lotosduftes befindet sich das kleine Haus »Auf dem Azurenen Wutong-Baum nistet der Phönix« (Biwu qifeng) in einer sehr stillen Umgebung. Über dem Mondtor an der Ostseite seines Hofes liest man in der Handschrift des Qing-Kalligraphen He Shaoji die Worte »Höhle des Entfliehens« (Dunku). In die Wändes des davor verlaufenden Ganges und des Ganges links von der früheren Hütte des Mondglanzes (Yuesexuan) sind zahlreiche Inschriften in den Schriftzügen der Ming- und Song-Kalligraphen Tang Bohu und Mi Nangong eingraviert. Am äußersten Ende einer Gabelung des Teiches steht auf dessen Westseite das Studio des Bemalten Bootes (Huafang zhai, auch »Haus der Föhrentöne«, Songlaige, genannt), ein Bau von sehr leichter und gefälliger Gestalt. Westlich vom Studio des Bemalten Bootes gibt es noch die Anlage der Halle des Reinen Taus (Zhanlutang, auch »Päonienhalle«, Mudanting, genannt).

Im Ostteil des Gartens überwiegen die Hofanlagen mit ihren Gebäuden. Der Pavillon des Yams (Yuyanting), der Pavillon »Klarheit der Vier Jahreszeiten« (Sishi xiaosa ting), das Zitherhaus des Unsterblichen Po (Poxian qinguan, der »Unsterbliche Po« ist der berühmte Dichter Su Shi oder Su Dongpo, 1036–1101), das Steinschiff (Shifang) und der Pavillon des Jadenen Regenbogens (Yuhongting) bilden Höfe von unterschiedlicher Größe, die durch einen gewundenen Gang miteinander in Verbindung stehen. Im Pavillon des Yams hängen zwei Steingravierungen mit den Zeilen »Im Stillen sitzend betrachte ich alle Wunder, ein reines Gespräch gefällt meinem Sinn« in der Handschrift von Dong Qichang (1555–1636).

Die Mittelwand des Doppelganges zwischen dem Ost- und dem Westteil des Gartens zieren zahlreiche durchbrochene Fenster in verschiedenartigen Formen, durch die man die Szenerie auf der jeweils anderen Seite erblicken kann.

103

103. Der Hof vor dem Pavillon »Klarheit der Vier Jahreszeiten«.

104. Der Hof am Eingang des Gartens der Zufriedenheit. Gegen die gekalkte
Wand wirken die Felsen wie ein kleines Landschaftsbild. Durch das
schlichte Rundtor glaubt man in eine gemalte Welt zu treten.

105

105. *Der Doppelgang im Garten der Zufriedenheit. Eine Längswand trennt den Gang und damit den Naturraum in zwei Teile. Durchbrochene Fenster in der Wand erlauben es, die Szenerie auf der jeweils anderen Seite zu betrachten.*

106. *Die Höhle aus künstlichen Felsen vor dem Haus »Auf dem Azurenen Wutong-Baum nistet der Phönix« bildet einen Durchgang mit dem reizvollen Wechsel von Enge und Weite, von Hell und Dunkel.*

Der Kranichgarten in Suzhou

Der Kranichgarten (Heyuan) wurde am Ende der Qing-Dynastie in der Gasse der Familie Han (Hanjiaxiang) angelegt. Der eigentliche Garten befindet sich auf der Westseite des Wohnanwesens und besitzt eine Fläche von etwa 1200 Quadratmetern.

Die Bauanlage des Kranichgartens entspricht der des nordchinesischen Vierfach umschlossenen Hofes (Siheyuan). Man betritt den Garten durch das Torgebäude auf der Südseite und erreicht durch die Halle der Vier Seiten (Simianting) die Haupthalle auf der Nordseite. Diese drei Gebäude liegen hintereinander auf einer Nord-Süd-Achse. Die Gänge und anderen Bauten auf der Ost- und Westseite weisen natürliche und lebhafte Formen auf. Künstliche Felsen, ein Teich im Hof, viele Bäume und andere Pflanzen lassen auf dem äußerst engen Raum schlichte Schönheit zu reizvoller Wirkung kommen.

Hinter der Torhalle von fünf Gefachen Länge befindet sich eine gekalkte Wand mit blütenförmigen Fenstern. Ostwärts schließt hier ein gewinkelter Gang an, der sich nach Norden wendet und mit der Halle der Vier Seiten und der Haupthalle verbunden ist. Die Halle der Vier Seiten steht, etwas nach Süden versetzt, in der Mitte des Gartens, wodurch der ganze Garten in zwei Teile geteilt wird. Der Südhof ist verhältnismäßig klein. Dagegen bildet der größere Nordhof das Zentrum der Szenerie. Auf seiner Westseite steht ein Bau mit treppenförmigem Grundriß. Mit seinem gestuften Dach und den hohen Fenstern wirkt er sehr ungewöhnlich; er trägt den Namen »Treppenförmiges Haus« (Tixingguan). Der äußere Gang vor diesem Bau ist mit der Haupthalle verbunden. Auf der Ostseite des Nordhofes ragt ein quadratischer Pavillon aus dem Mittelteil des gewinkelten Ganges heraus. Diese beiden sich auf der Ost- und der Westseite gegenüberstehenden Bauten bilden einen reizvollen Gegensatz. Auf der Ostseite zwischen dem gewinkelten Gang und der Mauer des Gartens sind einige Freistellen mit Blumen und Bambus bepflanzt. Gegen die gekalkte Wand betrachtet, wirken sie wie Gemälde. In der Mitte des Gartens liegt ein natürlich geformter Teich. An seinen Ufern sind durchlöcherte Felsbrocken aufgetürmt. Der Hof ist ausgiebig mit den Blütengehölzen der vier Jahreszeiten wie Flieder, Zierapfel, Zimtbaum, Rose, Jasmin und Magnolie bepflanzt. Von der Südwestseite des Teichs reicht eine Ausbuchtung, über die eine kleine Brücke führt, direkt zu einem kleinen Hügel. Auf seinem Gipfel steht ein kleiner sechsseitiger Pavillon, von dem aus man den ganzen Garten überblicken kann. Trotz der geringen Größe des Gartens sind die Szenerien so reichhaltig, daß er eine grenzenlose Tiefe zu besitzen scheint. Östlich der Haupthalle liegt noch ein kleiner stiller Hof mit einer Bibliothek auf seiner Nordseite, die mit dem gewinkelten Gang auf der Ostseite verbunden ist.

107

107. Ein Winkel am Wandelgang.
108. Der Gang mit dem Pavillon scheint mit seinen Winkeln und Schrägen
endlos zu sein.

Der Paarige Garten in Suzhou

Der Paarige Garten (Ouyuan) wurde zu Beginn der Qing-Zeit angelegt und hieß zunächst »Garten des Überquerens« (Sheyuan). Später verfiel er. Seine heutige Gestalt erhielt er am Ende der Qing-Zeit. Der Name rührt daher, daß dieser Garten aus zwei Teilen besteht, die auf der Ost- und der Westseite des Wohnbereichs liegen, wobei der östliche den Hauptgarten bildet.

Der östliche Garten weist eine längliche, etwa rechteckige Form mit einer Fläche von etwa 2600 Quadratmetern auf. An seiner Nordseite steht ein verhältnismäßig großer zweigeschossiger Bau mit dem Namen »Strohhütte im Stadtmauerwinkel« (Chengqu caotang). Er diente früher dem Hausherrn für Feste und Geselligkeiten. Vor diesem Bau befindet sich eine Wiese mit einem großen künstlichen Felsen aus Kalkstein. Der Felsen ist durch einen Hohlweg in einen Ost- und einen Westteil geschieden. Seine östliche Seite bildet das Hauptelement der Gartenszenerie. Er ist recht groß, und man kann ihn von der Strohhütte im Stadtmauerwinkel aus über Stufen besteigen. Auf diesen Hügel sind Bäume und Blumen gepflanzt. Nach dem Vorbild natürlicher Schluchten und Felswände gestaltet, ist er von machtvoller Kraft und vermittelt das Gefühl großer Naturnähe. Die Felsbrocken sind ihrer Textur gemäß zusammengefügt und geben ein gekonntes Bild malerischer Abwechslung, ein Meisterwerk der Gärten von Suzhou. Der westliche, kleinere Felsen weist ein sanftes Gefälle auf. Zwischen beiden ist ein nur etwa ein Meter breiter Hohlweg so tief eingeschnitten, daß seine Wände wie in einer Schlucht hoch aufragen. Er trägt deshalb den Namen »Tiefes Tal« (Suigu).

Östlich des großen künstlichen Felsens liegt ein schmaler langer Teich mit einem offenen Pavillon am Südende, der sich quer über die Wasserfläche spannt; er heißt »Zwischen Fels und Wasser« (Shanshuijian). Von hier aus kann man über den künstlichen Felsen hinweg die Strohhütte im Stadtmauerwinkel erblicken. In dem Pavillon befindet sich der Wandschirm »Drei Freunde in der Kalten Jahreszeit« (Sui han san you – gemeint sind Kiefer, Bambus und Pflaumenblüte, Symbole der Beständigkeit und Loyalität) mit äußerst kunstvollem Schnitzwerk, dem besten von allen Gärten in Suzhou. Noch weiter östlich liegt eine Blumenterrasse, die von einer mit Kalkstein eingefaßten schrägen Umrandung umgeben ist. Man betritt sie über einen sanft geneigten Steinpfad. Mit Bambus und Blütengehölzen bepflanzt, wirkt sie frisch und lebendig, ein gelungener Kontrast zu dem machtvoll und steil aufragenden Kalksteinfelsen auf dem anderen Ufer. Am Südufer überspannt eine gewinkelte Brücke den Teich.

Der westliche Garten wird in der Mitte durch eine Studierklause, die »Hütte des Vorhangwebenden Alten« (Zhi lian lao wu, vermutlich eine Anspielung auf den Beinamen ihres einstigen Besitzers), in zwei Teile geteilt. Im vorderen steht ein künstlicher Felsen, im hinteren befindet sich eine Bibliothek – ein gutes Beispiel der Verbindung von Studierstube und Gartenhof.

111

109. Der gewinkelte Gang und ein Pavillon im Garten. Im Hintergrund ist
     der Wasserpavillon »Zwischen Fels und Wasser« zu sehen.
110. Ein Blick auf den Garten aus der Strohhütte im Stadtmauerwinkel
     (Foto: Feng Yunqing).
111. Der künstliche Felsen aus Kalkstein wirkt wie ein gewaltiger Berg.

Der Garten des Erfreuens in Shanghai

Der Garten des Erfreuens (Yuyuan) liegt auf dem Gebiet des Tempels des Stadtgottes. Er wurde während der Perioden Jiajing und Wanli der Ming-Dynastie von Pan Yunduan als Geschenk für seinen Vater angelegt. Sein Name geht auf die Wendung »Man erfreue die alten Verwandten« (yu yue lao qin) zurück. Am Ende der Ming-Zeit verfielen die Bauten. Zur Zeit des Kaisers Qianlong der Qing-Dynastie wurde der Garten erneuert und erhielt den Namen »Westgarten« (Xiyuan). Am Ende der Qing-Zeit nahmen ihn zum Teil Händler und Gastwirte in Besitz, während die übrigen Teile mit den Jahren verfielen. Im Jahre 1958 wurde eine umfassende Restaurierung durchgeführt.

Der Garten des Erfreuens nimmt eine Fläche von über zwanzigtausend Quadratmetern ein. Dabei ist er durch Mauern in mehrere Teile von unterschiedlicher Größe mit jeweils eigenen Besonderheiten aufgeteilt. Die Wege sind verschlungen geführt, wodurch das Raumgefühl in diesem Garten noch vergrößert wird. Vom Eingang aus gelangt man nordwärts in den Hauptteil mit einer ganzen Reihe von Gartenbauten: der Halle der Drei Ähren (Sansuitang), der Halle des Aufblickens zum Felsen (Yangshantang), dem Haus des Strömenden Regens (Juanyulou), einem Lotosteich und einem großen künstlichen Felsen. Letzterer besteht aus Kalkstein und soll ein Werk von Zhang Nanyang, einem berühmten Felsgestalter der Ming-Zeit, sein. Wenn man, an das Geländer der Halle des Aufblickens zum Felsen gelehnt, über den Lotosteich nordwärts blickt, spürt man von ferne einen Hauch chinesischer Landschaftsmalerei. Auf dem Gipfel des Felsens steht ein kleiner Pavillon, der Pavillon des Blickens zum Strom (Wangjiangting). Früher konnte

man von hier aus den Huangpu-Fluß sehen. Auf der Ostseite des Teiches liegt der Wandelgang »Allmähliches Betreten einer schönen Landschaft« (Jian ru jia jing). Folgt man diesem Gang nach Norden und biegt dann durch einen Doppelgang nach Osten, so gelangt man in einen engen kleinen Hof mit einem Wasserbecken. Ein gewölbter Durchgang, dessen Wände Blütenornamente tragen, spannt sich über das Wasser, in dem sich Bäume, Felsen und Bauten widerspiegeln. Weiter östlich liegt der Hof mit dem Haus der Zehntausend Blüten (Wanhualou). Daneben erstreckt sich eine Baugruppe mit einer klaren Achse; hierzu gehören der Speicher der Schriften (Cangshulou), die Halle der Frühlingszeichen (Dianchuntang), die Terrasse des Trommelns und Singens (Dachangtai) und die Halle der Harmonischen Wärme (Hexutang). Die Halle der Frühlingszeichen war im Jahre 1855 die Kommandozentrale des Aufstandes der Gesellschaft der Kleinen Dolche (Xiaodaohui). Die Ostseite dieser Baugruppe zieren künstliche Felsen, Teiche und Gebäude, wodurch die ernste Atmosphäre dieser Bauten gemildert wird. Durch ein tibetisches Flaschentor gelangt man in das Gebiet des Hauses der gesammelten Szenerien (Huijinglou). Hier weitet sich der Blick: Rings um einen Lotosteich sind hier die Hütte der Neun Löwen (Jiushixuan), der Sechseckige Pavillon (Liujiaoting), das Haus der Gesammelten Szenerien (Huijinglou), das Haus der Zufriedenheit (Deyilou) und andere Baulichkeiten angeordnet. Vor der Halle der Jadeblüten steht eine große, fein durchbrochene Felsspitze mit dem Namen »Jadene Zierlichkeit« (Yulinglong). Sie soll ein Relikt der Transporte bizarrer Steine zur Zeit des Song-Kaisers Huizong sein.

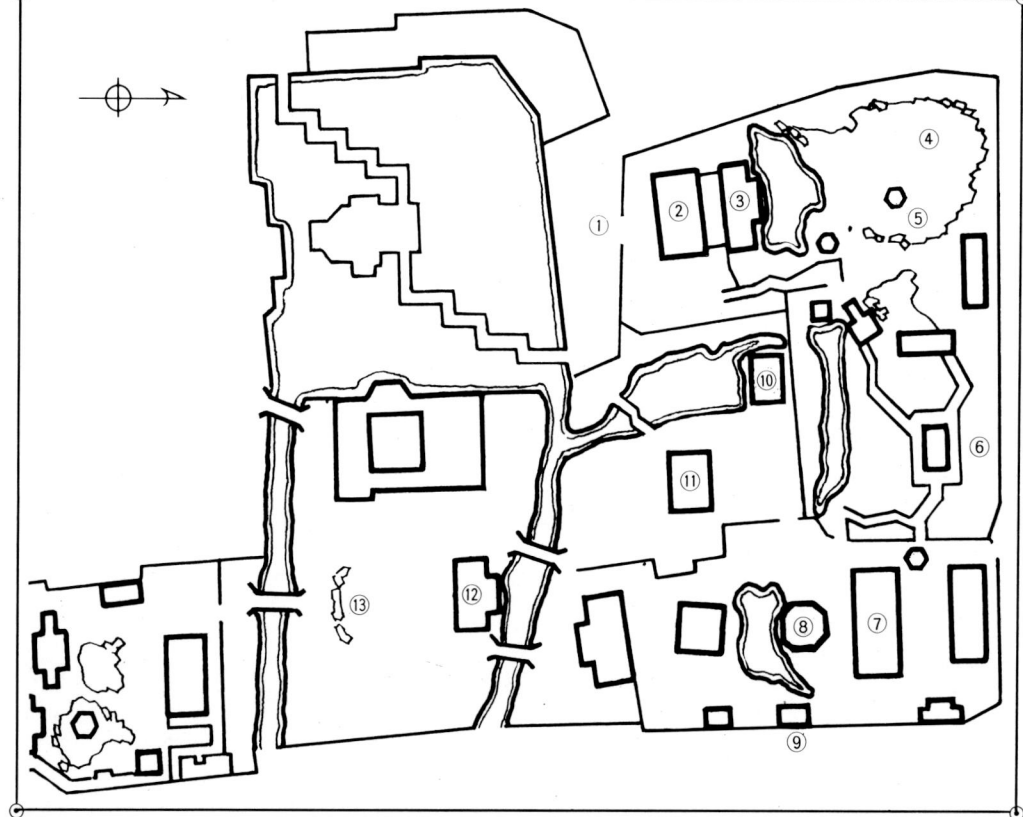

Der Garten des Erfreuens

1 *Eingang*
2 *Halle der Drei Ähren (Sansuitang)*
3 *Haus des Strömenden Regens (Juanyulou)*
4 *Großer künstlicher Felsen*
5 *Pavillon des Blickens zum Strome (Wangjiangting)*
6 *Haus der Zehntausend Blüten (Wanhualou)*
7 *Halle der Frühlingszeichen (Dianchuntang)*
8 *Terrasse des Trommelns und Singens (Dachangtai)*
9 *Haus des Frohsinns (Kuailou)*
10 *Hütte der Neun Löwen (Jiushixuan)*
11 *Haus der Zufriedenheit (Deyilou)*
12 *Halle der Jadeblüten (Yuhuatang)*
13 *Jadene Zierlichkeit (Yulinglong)*

112. *Der große künstliche Felsen ist von geballter Kraft. Er verkörpert aufs
klarste die Szenerie der chinesischen Landschaftsmalerei in freier
Pinseltechnik.*

113. *Die Hütte der Neun Löwen ist auf allen vier Seiten offen. Eine
Steinterrasse steht frei über dem Wasser.*

114. *Eine Drachenmauer, an deren Ende sich ein Drachenkopf erhebt. Die
Ziegel auf der Mauerkrone sind wie ein Drachenkörper gebildet. Die
Mauer ähnelt der traditionellen wellenförmigen »Wolkenmauer«, daher
wird sie auch »Wolkendurchstoßende Drachenmauer« genannt (Foto:
You Jin).*

115

115. *Ein offener Durchgang in Flaschenform. Solche offenen Durchgänge*
     sind in den chinesischen Gärten ein Mittel, um Räume und Szenerien
     miteinander zu verbinden. Sie können die unterschiedlichsten Formen
     haben und bilden immer einen reizvollen Rahmen.
116. *Das Haus des Frohsinns steht auf einem künstlichen Felsen an der*
     Ostseite des Hofes mit der Halle der Frühlingszeichen.

Der Garten des Klaren Sonnenlichts in Shunde

Der Garten des Klaren Sonnenlichts (Qinghuiyuan) ist seinem Ausmaß nach der größte unter den vier erhaltenen Gärten der südchinesischen Küstenprovinzen Guangdong und Guangxi. Er liegt im Marktflecken Daliang im Bezirk Shunde und stammt aus dem Ende der Periode Qianlong der Qing-Dynastie. Später fanden mehrfach Erweiterungen statt, bis der Garten sein gegenwärtiges Ausmaß von mehr als 6600 Quadratmetern erlangte.

In einem Gedicht heißt es: »Es gibt Häuser und Teiche, mehr als acht oder neun mou (1 mou = 660 Quadratmeter) groß, dazwischen wachsen edle Pflanzen, Hunderttausende an der Zahl. Die bunten Blüten und die zwitschernden Vögel, das ganze Jahr über sind sie zu sehen und zu hören ...« Diese Worte beschreiben genau die Eigenart dieses Gartens. Die zahlreichen Bauten, unter ihnen die Hütte der Zuflucht (Guijilu), das Studio des Geizens mit der Zeit (Xiyin shuwu) und das Haus der Blüten am Pinsel (Bi sheng hua guan; der Name spielt auf den berühmten Dichter Li Taibo, 701–762, an, der in seiner Kindheit geträumt haben soll, seinem Schreibpinsel seien Blüten entsprossen, was ein Hinweis auf seine spätere Berühmtheit gewesen sein soll), sind verwinkelt und reizvoll angelegt. Die Bootförmige Halle (Chuanting) ahmt mit ihrer edlen Form und dem feinen Schmuck maßgerecht die Hausboote auf dem Perlfluß nach. Wenn man von ihrem oberen Stockwerk auf den davor gelegenen Teich hinabblickt, dann scheint es, als befände man sich in einem Boot auf blaugrünen Wellen.

Von den drei Teichen weist jeder eine andere Form auf. Einer ist rechteckig, doch wird seine gerade Uferlinie durch die Wasserhütte (Shuixie) und den Pavillon der Klaren Wellen (Chengyiting), die in das Wasser hineingebaut sind, sowie durch den zur Hälfte im Wasser stehenden Sechseckigen Pavillon (Liujiaoting) durchbrochen. Der Pavillon der Klaren Wellen mit seinen zierlichen Formen bietet einen guten Platz zum Beobachten der Fische. Ein Pipabaum (Japanische Wollmispel) auf dem anderen Ufer trägt inmitten seines dichten Laubes goldgelbe Früchte, die sich im Wasser spiegeln – wahrlich kein gewöhnlicher Anblick!

Im Garten wachsen Magnolien, Jasmin, Longanbäume, Litchibäume, Faserbananen und andere in den südchinesischen Küstenprovinzen häufige Bäume, so daß der Garten das ganze Jahr hindurch vom wiegenden Schatten der Gewächse, von Blütenduft und von der Schönheit der Früchte erfüllt ist. Dazu singen im tiefen grünen Schatten die Vögel – dies alles macht den Garten zu einem klingenden, farbenprächtigen Juwel.

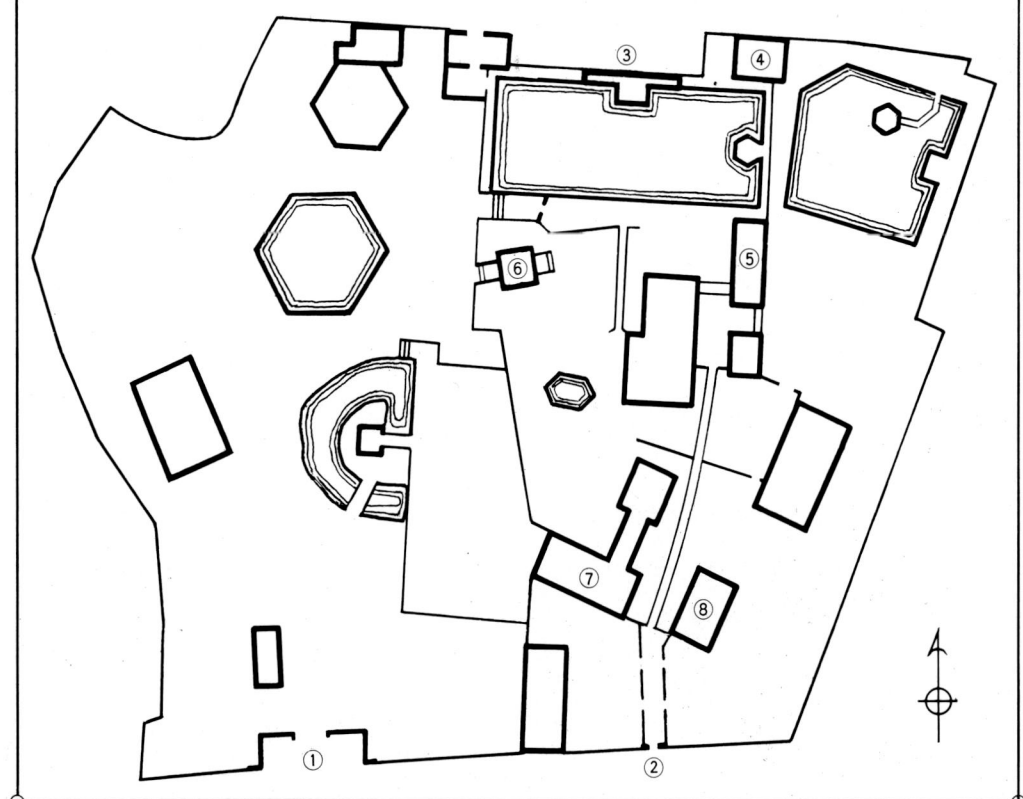

Der Garten des Klaren Sonnenlichts
1. *Haupteingang*
2. *Ursprünglicher Hintereingang*
3. *Pavillon der Klaren Wellen (Chengyiting)*
4. *Strohgedeckte Halle am Blaugrünen Bach (Bixi caotang)*
5. *Garten des Mönchspfeffer-Duftes (Chuxiangyuan)*
6. *Pavillon*
7. *Hütte der Zuflucht (Guijilu)*
8. *Haus der Blüten am Pinsel (Bi sheng hua guan)*

117

117. Die Außentreppe der Bootförmigen Halle, aus Felsbrocken errichtet,
verleiht dem Bau einen eigenen Charakter.
118. Die Wasserhütte, der Pavillon der Klaren Wellen und der Sechseckige
Pavillon ragen über das Teichufer hinaus und durchbrechen die gerade
Uferlinie.

119

119. Den alten Garteneingang flankieren
    Bambusbeete. Der Eingang, ein Mondtor,
    bildet mit dem großen Baum einen reizvollen
    Kontrast.

120. In den stillen Höfen zu beiden Seiten der
    Bootförmigen Halle ziert feingliedriges
    Schnitzwerk in klaren Farben Fenster und
    Geländer – eine Besonderheit der
    Gartenbauten in den südchinesischen
    Küstenprovinzen.

120

Der »Kann«-Garten in Dongwan

Der »Kann«-Garten (Keyuan) liegt im Dorfe Boxiacun, einem westlichen Vorort der Bezirksstadt Dongwan in der Provinz Guangdong. Ursprünglich bildete er in der Qing-Zeit die Villa von Zhang Jingxiu, der mit der Anlage am Ende der Periode Daoguang begann und den Garten in den Jahren der Perioden Xianfeng und Tongzhi vollendete. Wegen seiner erlesenen Szenerien gilt er als einer der vier berühmten Gärten dieser Provinz.

Der »Kann«-Garten nimmt mit seinen geringen Ausmaßen nur eine Fläche von etwa 2000 Quadratmetern ein, enthält jedoch zahlreiche Bauwerke, so daß er überaus wechselvolle Anblicke bietet. Er umfaßt 1 mehrgeschossiges Haus (lou), 6 offene Hallen (ge), 5 Pavillons (ting), 6 Terrassen (tai), 5 Teiche, 3 Brücken, 19 Hallen (ting) und 15 Häuser (fang), außerdem künstliche Felsen und kunstvoll arrangierte Blütengehölze.

Hinter dem Eingang gelangt man durch die Kleine Hütte des Aufschneidens des Roten (Bohong xiaoxie) in einen gewinkelten Gang, von dem aus sich die Szenerie des Gartens mit dem Pavillon der Verehrung des Mondes (Baiyueting), der Jadehöhle der Unsterblichen (Yaoxiandong), dem Orchideenpavillon (Lanting), dem Gekrümmten Teich (Quchi) und anderen Baulichkeiten allmählich erschließt.

Von alters her schmückt diesen Garten eine Felsenszenerie von zierlich-leichtem Charakter; sie heißt »Das Einhorn spuckt den Mond aus« (Qilin tu yue) oder auch »Der Löwe besteigt die Terrasse« (Shizi shang loutai). Ihre Gestaltung entspricht einer für die südchinesischen Küstenprovinzen typischen Manier. Neben dieser Felsenszenerie liegt ein gewundener Teich, über den ein Gerüst mit einem Geländer führt. Von hier aus kann man besonders gut die Lotosblumen betrachten und die Fische beobachten.

Auf der anderen Seite des Teiches steht an einem kleinen Hof mit zwei Litchibäumen ein Halbpavillon. Früher pflegte man hier beim Aufschneiden der Litchifrüchte gemütlich miteinander zu plaudern. Daher heißt dieser Pavillon »Kleine Hütte des Aufschneidens des Roten«.

Das »Kann«-Haus, ein viergeschossiger Bau, stellt das Hauptgebäude dieses Gartens dar. Das Erdgeschoß heißt »Zimtblütenhalle« (Guihuating) und »Raum der Doppelten Klarheit« (Shuangqingshi), doch weil sein Grundriß ein Kreuz bildet, wird der Bau auch »Kreuzförmige Halle« (Yaziting) genannt. Das oberste Geschoß trägt den Namen »Halle der Einladung an die Berge« (Yaoshan'ge). Von hier aus kann man den ganzen Garten überblicken – alles liegt wohlgeordnet vor den Augen des Betrachters; auch die vielgestaltige Landschaft der Gegend von Boxia erschließt sich ihm hier. Mit seiner Traufenhöhe von mehr als 15 Metern und seinem geschnitzten und bemalten Balkenwerk wirkt der Bau recht imposant.

Ein Wasserpavillon, eine gebogene Brücke und ein bootsförmiges Haus gehören zu dem natürlichen Teich, der direkt hinter dem Garten anschließt. In der Ferne kann man von hier aus die weitere Landschaft mit ihren Feldern sehen. Dies ist ein gutes Beispiel für das »Borgen der Szenerie« (jiejing) in der chinesischen Gartenkunst. Unter dem Namen »Schatten der Fischer auf allen Wasserläufen« (Bo xi yu yin) ist diese Stelle für den Bezirk Dongwan berühmt.

122

123

124

121. *Die Kreuzförmige Halle, der Teich und eine kleine Brücke.*
122. *Durch ein Mondtor erblickt man ein Blütengerüst und den Lotosteich.*
123. *Blick vom Lotosteich südwärts zum Raum der Doppelten Klarheit.*
124. *Der Hof vor dem Halbpavillon und der Kleinen Hütte des*
   Aufschneidens des Roten ist von einer lebensvollen Atmosphäre erfüllt.

Die Bergklause des Üppigen Schattens in Panyu

Die Bergklause des Üppigen Schattens (Yuyin shanfang) liegt im Dorf Nancun im Bezirk Panyu der Provinz Guangdong. Der Garten stammt aus der Periode Tongzhi der Qing-Dynastie und besteht aus einem östlichen und einem westlichen Teil beiderseits eines Wassergrabens mit einer Brücke.

Im Westteil befindet sich ein quadratischer Wasserhof mit einem rechteckigen Teich in der Mitte, dessen Ränder sorgfältig aus Stein aufgeführt sind. Von dem an der Südseite stehenden Zweithaus am Wasser (Linchi bieguan) geht ein Wandelgang aus, der am Ufer des Teichs entlangführt und von dem aus man die Lotosblumen betrachten kann. Nördlich vom Hof liegt das Hauptgebäude des Gartens, die Halle der Tiefen Weiden (Shenliutang). Ihre Innengestaltung ist überaus erlesen und entspricht dem Stil der südchinesischen Küstenprovinzen. Ein Wandschirm auf der Nordseite, aus Sandelholz gearbeitet und mit eingeschnitzten Kalligraphien und Malereien berühmter Persönlichkeiten versehen, strömt einen reinen Duft aus und wirkt sehr vornehm. Der Blütenschmuck seiner beiden Seitenflügel stellt Litchimuster dar, ein in den südchinesischen Küstenprovinzen häufig benutztes Motiv. In die Fenster auf der Südseite der Halle sind farbige Gläser mit geschnitztem Blütenmaßwerk eingelassen. An der Außenwand setzt in der Höhe der Traufe ein Blütengerüst aus Gußeisen an, das einen eigenen Stil verkörpert.

Im Hof auf der Ostseite steht ein achteckiger kleiner Pavillon inmitten eines ebenfalls achteckigen Teiches. Er heißt »Zierliche Wasserhütte« (Linglong shuixie) und ist durch einen Wandelgang mit den anderen Hallen verbunden. Die Szenerie jenseits des Teiches wird durch Felsbrocken, Bäume und verschiedene Blütengehölze belebt. Dadurch wirkt dieser Teil des Gartens gefälliger und lebhafter als die Westseite.

Die beiden Teiche sind durch einen Wassergraben miteinander verbunden, über den eine Brücke führt. Als Bestandteil eines langen Wandelganges liegt sie im Zentrum der Gesamtanlage, teilt den Raum und trägt zur Vertiefung und Gliederung des Gartens bei. Mit ihren glücklich gewählten Proportionen und ihrer lieblichen Form gibt sie der Wasserszenerie des Hofes noch mehr Farbe. Wenn im Frühling und im frühen Sommer alles von dichtem Schatten überdeckt ist, die abgefallenen Blütenblätter durcheinanderliegen und rote Blüten und grüne Blätter um die Wette aufleuchten, wirkt diese Brücke wie ein Gemälde. Sie trägt deshalb den Namen »Reingewaschenes Rot überschreitet das Grün« (Huanhong kualü), eine Benennung, die aufs trefflichste die mit dieser Brücke verbundene Vorstellung kennzeichnet.

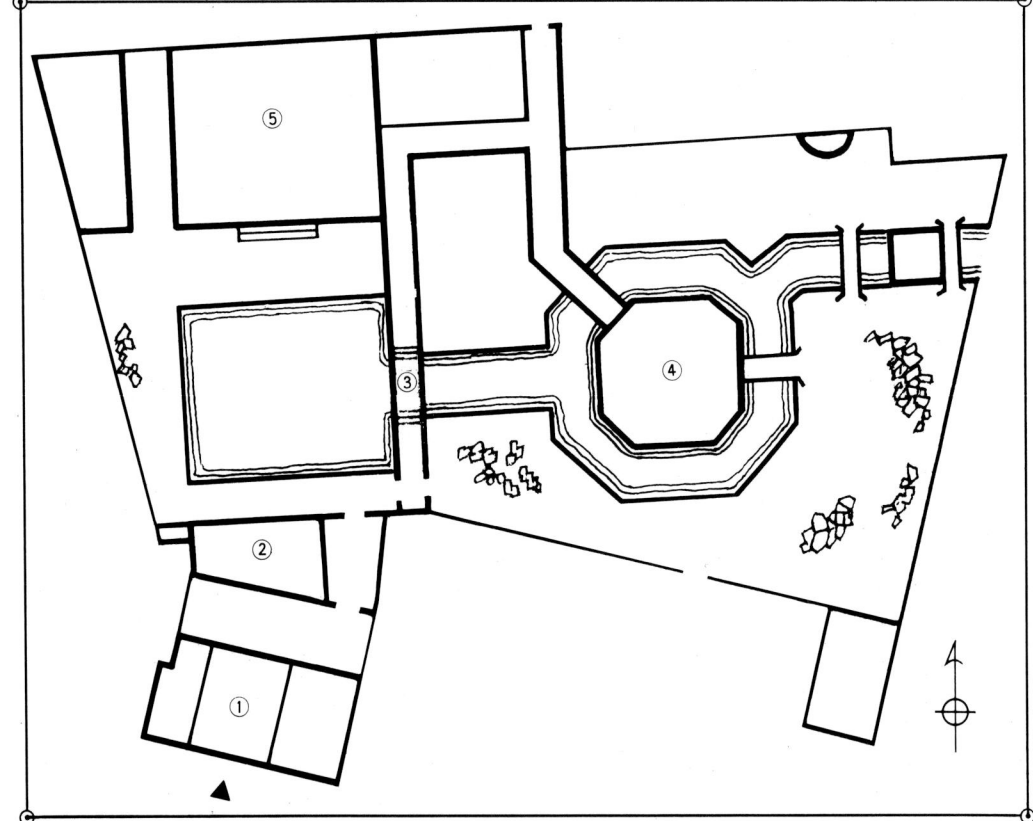

Bergklause des Üppigen Schattens
1 Torhalle
2 Zweithaus am Wasser (Linchi bieguan)
3 Brücke »Reingewaschenes Rot überschreitet das Grün«
  (Huanhong kualü qiao)
4 Zierliche Wasserhütte (Linglong shuixie)
5 Halle der Tiefen Weiden (Shenliutang)

125

125. *Die Brücke »Reingewaschenes Rot überschreitet das Grün«.*

126

127

128

126. *Das eiserne Blütengerüst vor der Haupthalle.*
127. *Ein Glasfenster in der Haupthalle.*
128. *Der achteckige Pavillon.*

Natürliche Landschaftsparks und Tempelanlagen

Der Tempel Tanzhesi bei Peking

Der Tempel Tanzhesi ist eines der berühmten buddhistischen Heiligtümer von Peking. Er liegt am Hang des Berges Tanzheshan in einem westlichen Außenbezirk, umgeben von dem Drachenteich (Longtan) und einem Wald von Zhe-Bäumen (Cudrania tricuspidata, einer Baumart, für die es keinen deutschen Namen gibt). Der Name des Tempels setzt sich daher aus den Zeichen für Teich (tan), diese Baumart (zhe) und Tempel (si) zusammen.

Der Tempel Tanzhesi weist eine lange Geschichte auf. Ein altes Pekinger Sprichwort besagt: »Zuerst gab es den Tanzhe, dann gab es Youzhou« (Youzhou hieß im Altertum ein Ort im Gebiet des heutigen Peking). Der Vorläufer des jetzigen Tempels hieß zur Jin-Zeit Tempel des Edlen Glücks (Jiafusi), zur Tang-Zeit Drachenquell-Tempel (Longquansi), zur Zeit der Dschurdschen-Dynastie Jin Großer Tempel des Zehntausendfachen Langen Lebens (Da wanshousi), in der Ming-Zeit wieder Tempel des Edlen Glücks, zur Qing-Zeit wurde der Name in Tempel der Gipfel-Wolken (Xiuyunsi) geändert, doch überall ist der Tempel unter dem volkstümlichen Namen Tanzhesi bekannt. Seine Bauten stammen zumeist aus der Ming- und der Qing-Zeit.

Der Tempel ist an den Berghang gebaut und besteht aus drei Gruppen von Bauten und Höfen, die auf parallelen Nord-Süd-Achsen angelegt sind. Auf der mittleren Achse liegen, beginnend bei dem Schmucktor vor dem Haupteingang, die Halle der Himmelskönige (Tianwangdian), die Kostbare Halle des Großen Heldenhaften (Da xiong bao dian), die Halle der Drei Heiligen (San sheng dian), die Fastenhalle/Halle der Drei Heiligen (Zhai tang san sheng dian, inzwischen zerstört) und das Haus des (Buddha) Vairocana (Piluge). Der Bodengestalt folgend, steigen sie stufenweise nach oben hin an. In den Höfen stehen hohe alte Bäume, deren grüner Schatten die Erde bedeckt. Der Ginkgobaum links vor der Halle der Drei Heiligen wird auch »Kaiserbaum« (Diwangshu) genannt. Er hat einen gewaltigen Umfang und soll der Überlieferung zufolge zur Liao-Zeit, also vor etwa tausend Jahren, gepflanzt worden sein. Das Haus des Vairocana, ein zweigeschossiger Bau, erhebt sich an der höchsten Stelle des Tempels. Von seinem Obergeschoß aus kann man die gesamte Anlage und die umgebende Bergszenerie überblicken.

Auf der östlichen Achse befinden sich der Hof der Mönchszellen (Fangzhangyuan) und die Aufenthaltsräume der Qing-Kaiser, die sie bei ihren Tempelbesuchen benutzten. Dazu gehören der Palast der Zehntausend Jahre (Wansuigong), der Kaiserinnenpalast (Taihougong), der Pavillon der Schwimmenden Becher (Liubeiting) und der Bambusteich (Zhuchi). Die Bauten hier sind in ihren Ausmaßen kleiner gehalten, die Höfe wirken still, und schlanker Bambus wächst an plätschernden Quellwassern. Der Pavillon der Schwimmenden Becher greift die Tradition des »die Weinbecher in gewundenen Wasserläufen schwimmen lassen« (qushui liushang) der Han- und Wei-Perioden auf.

Auf der westlichen Achse liegt eine Gruppe von Tempelhallen mit dem Surangama-Altar (Lengyantan), dem Altar der Gelübde (Jietan) und der Avalokitesvara-Halle (Guanyindian).

Auf dem Berg hinter dem Tempel befindet sich der Drachenteich. Er mißt etwa drei Meter im Quadrat und ist so klar, daß man bis auf seinen Grund sehen kann.

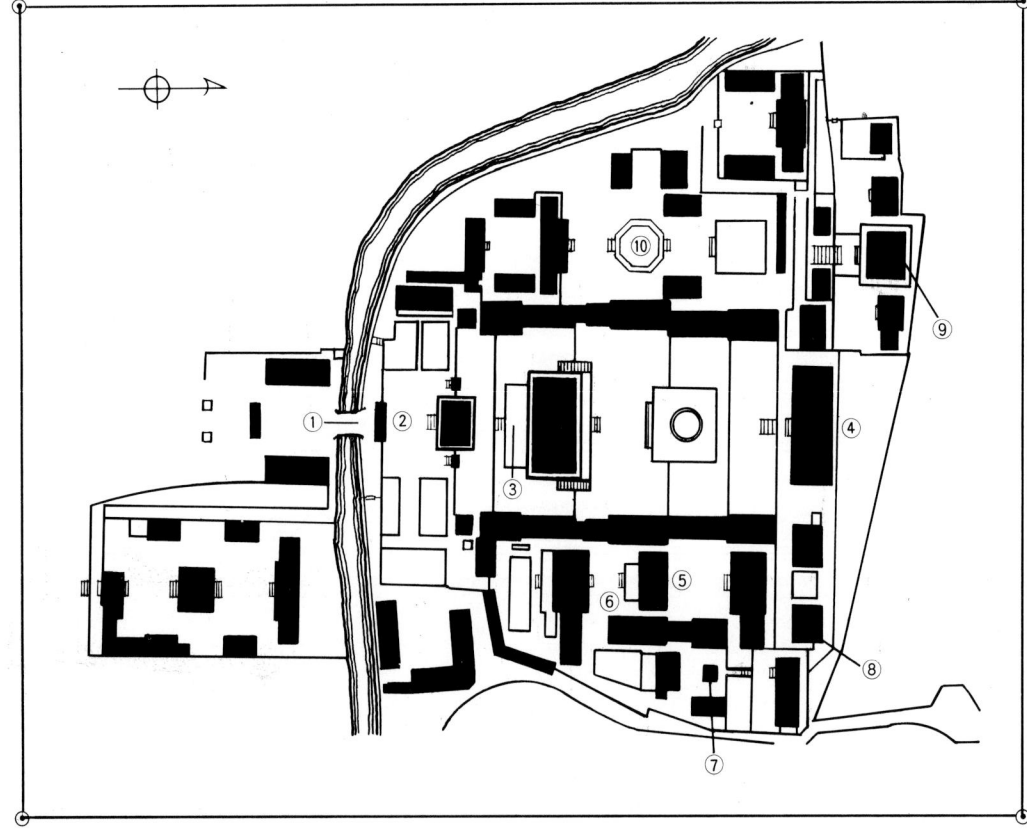

Der Tempel Tanzhesi

1 *Haupteingang*
2 *Halle der Himmelskönige (Tianwangdian)*
3 *Kostbare Halle des Großen Heldenhaften (Da xiong bao dian)*
4 *Haus des (Buddha) Vairocana (Piluge)*
5 *Halle der Gottheit des Vermögens (Caishendian)*
6 *Halle der Kaiserin (Taihoudian)*
7 *Pavillon der Schwimmenden Becher (Liubeiting)*
8 *Thron des Kaisers Qianlong (Qianlong baozuo)*
9 *Avalokitesvara-Halle (Guanyindian)*
10 *Surangama-Altar (Lengyantan)*

129

129. *Den Haupteingang bildet eine aus Backstein errichtete »Balkenlose Halle« (Wuliangdian). Gegen den Berg Tanzheshan erscheint sie besonders lieblich.*

130. *Vor der Kostbaren Halle des Großen Heldenhaften, dem Hauptgebäude der Tempelanlage, liegt eine Terrasse mit einem Geländer aus weißem Marmor. Der First der Halle ist an beiden Enden mit 2,90 Meter hohen drachenkopfartigen »Chiwei« geschmückt. Zusammen mit den hochaufragenden Kiefern bietet die Halle einen prächtigen Anblick.*

131

131. *Das Haus des (Buddha) Vairocana weist eine bei buddhistischen*
     Tempeln selten anzutreffende Form auf.
132. *Der »Kaiserbaum«, ein Ginkgo, der vom Kaiser Qianlong diesen Namen*
     erhalten hat. Er soll zur Zeit der Liao-Dynastie gepflanzt worden sein,
     ist über 30 Meter hoch und hat einen Umfang von mehr als 4 Metern.

Der Tempel des Großen Erwachens in Peking

Der Tempel des Großen Erwachens (Dajuesi) liegt am Fuße des Yangtaishan-Berges im westlichen Randgebiet von Peking, nahe bei den Westbergen, in einer überaus reizvollen Umgebung. Schon vor mehr als tausend Jahren war dieses Gebiet ein beliebtes Ausflugsziel.

Zur Liao-Zeit wurde hier zum ersten Male ein Tempel erbaut. Er erhielt den Namen »Hof des Klaren Wassers«, weil innerhalb des Tempels das Wasser einer klaren Quelle in den Drachenteich (Longtan) floß. Zur Jin-Zeit bildete der Tempel einen von Pekings berühmten Acht Höfen der Westberge (Xishan bayuan). Später wurde er in »Tempel der Magischen Quelle« (Lingquansi) umbenannt. Zu Beginn der Ming-Zeit erweitert, erhielt er den Namen »Tempel des Großen Erwachens«. Diese Bezeichnung wurde bis heute beibehalten. In den Perioden Yongzheng und Qianlong der Qing-Zeit fanden mehrfach Umbauten statt. Die heute vorhandenen Bauten stammen zum größten Teil aus dieser Zeit.

Der Tempel des Großen Erwachens besteht aus zwei Baugruppen und einem Garten. Die beiden Baugruppen liegen auf zwei parallelen Ost-West-Achsen; die Gebäude sind alle nach Osten ausgerichtet, eine Fortführung der Liao-Sitte, die Bauten »zur Sonne« zu wenden.

Die Tempelbauten bilden die im Norden gelegene Hauptachse. Beginnend beim Haupttor, folgen hier eine steinerne Brücke, die Halle der Himmelskönige (Tianwangdian), die Kostbare Halle des Großen Heldenhaften (Da xiong bao dian), die Buddhahalle des Grenzenlosen Langen Lebens (Wuliangshou fodian) und der Altar des Großen Erbarmens (Dabeitan) aufeinander. An der Buddhahalle des Grenzenlosen Langen Lebens, dem Hauptgebäude der Tempelanlage, ist eine Tafel mit der Inschrift »Gleiche Achtung für Alle Lebewesen« (Dongjing dengguan) angebracht. Der außerordentlich großen Halle ist eine Terrasse aus weißem Marmor vorgelegt. Davor ragt ein nahezu tausend Jahre alter Ginkgobaum mit seiner lockeren Blätterkrone stolz in die Höhe. Die Bauten der zweiten Achse südlich von den Tempelbauten dienten den Qing-Kaisern als Wohn- und Raststätte, wenn sie den Tempel besuchten. Als wichtigste Gebäude sind hier die Halle des Vierfach Passenden (Siyitang) und das Haus der Ruhenden Wolken (Qiyunxuan) zu nennen. Die steinernen Stufen vor dem Haus der Ruhenden Wolken sind mit einem künstlichen Felsen aus Schiefer verbunden.

Hinter diesen beiden Baugruppen liegt ein offener Berghang, der von einer Mauer umgeben und als Garten gestaltet ist. Wenn man diesen Garten von den eng bebauten Höfen der Vorderseite aus betritt, fühlt man sich wie plötzlich in Freiheit versetzt. Die höchste Stelle des südlichen Berghanges nimmt ein Pavillon mit dem Namen »Hauptpunkt-Pavillon« (Lingyaoting) ein. Am Hang davor steht ein hohes Haus mit dem Namen »Halle des Drachenkönigs« (Longwangdian). Unter dieser Halle treten dünne Quellen aus, die sich zu einem Lotosteich vereinen. Vor dem Teich erhebt sich eine weiße lamaistische Ziegelpagode, das Wahrzeichen des Tempels. Entlang der Nord- und der Südseite des Berghanges führen Steinstufen zu den Tempelgebäuden. Der Garten ist von grünem Schatten überdeckt, und duftende Kräuter von frischer Schönheit geben ihm den Anschein natürlichen Wildwuchses.

133

134

135

136

137

134. *Eine aus natürlichen Steinbrocken angelegte Treppe bildet mit einem künstlichen Felsen eine Einheit.*
135. *Steinstufen führen zum Haus der Ruhenden Wolken empor.*
136. *Der Garten hinter dem Tempel.*
137. *Ein aus Steinen angelegter kleiner Pfad im rückwärtigen Garten des Tempels zieht sich zwischen üppig wachsenden Bambuspflanzen und Bäumen dahin. In schattiger Stille ist er reich an natürlichen Reizen.*

Der See der Großen Klarheit in Ji'nan

Der See der Großen Klarheit (Daminghu) liegt, etwas nach Norden versetzt, im Zentrum der Stadt Ji'nan. Er nimmt eine Fläche von 46 Hektar ein und wird von 72 Quellen gespeist. Seine erste Erwähnung fand er in einer Aufzeichnung der »Klassischen Schrift von den Gewässern mit Kommentar« (Shuijingzhu) von Li Daoyuan (Nord-Wei-Dynastie). Zur Zeit der Sechs Dynastien hieß er »Lotossee« (Lianzihu), zur Sui- und Tang-Zeit »Lishui-Teich« (Lishuipi). Damals besaß er eine größere Fläche als heute. Im Jahre 1072 ließ der damalige Präfekt von Ji'nan, Zeng Gong (1019–1083), Bewässerungsbauten durchführen und Schleusen anlegen. Dies führte zu einer Verkleinerung der Wasserfläche.

Der See der Großen Klarheit ist seit jeher von vielen Literaten und Kalligraphen wegen seiner landschaftlichen Schönheit bewundert worden. Zahlreiche Gedichte und Inschriften preisen seine Reize. Der Roman »Reiseaufzeichnungen des alten Can« (Laocan youji) von Liu E (etwa 1850–1910) enthält eine besonders ausführliche Beschreibung. Rings um den See herum verschönern eine Reihe von Tempeln und Gartenbauten die Landschaft. Sie üben auf die Besucher große Anziehungskraft aus und lassen den See zu einem der bedeutendsten Naturparks Chinas werden.

Der See der Großen Klarheit ist reich an alten Sehenswürdigkeiten. An seinem Südufer befinden sich der Garten der Ferne (Xiayuan), der Gedächtnistempel des Xin Jiaxuan (Xin Jiaxuan ci, gewidmet dem Xin Qiji, einem berühmten Dichter, 1140–1207) und die Provinzialbibliothek. Am Nordufer liegen der Gedächtnistempel des Herrn Tie (Tie gong ci), der Nordpoltempel (Beijimiao), der Gedächtnistempel des Nanfeng (Nanfeng ci) und die Brücke der Versammelten Wellen (Huipoqiao). Sechs Inseln unterschiedlicher Größe beherbergen verschiedene Bauten, so den Lixia-Pavillon (Lixiating), die Halle der Versammelten Quellen (Huiquantang) und den Pavillon im Herzen des Sees (Huxinting).

Der Garten der Ferne wurde im Jahre 1909 nach dem Vorbild des Hauses des Himmlischen Einzigen (Tianyige) in Ningpo angelegt. Er bezieht seinen Reiz aus der Kombination von künstlichen Felsen, Pavillons und Brücken. Es gibt hier gewundene Gänge, abgeschiedene Pfade und alte Bäume mit ineinander verschlungenen Ästen. Auf einem künstlichen Felsen am See erhebt sich der Aufrechte Pavillon (Haoranting), ein besonders schöner Blickpunkt in der Szenerie des Südufers.

Der Lixia-Pavillon steht auf der größten Insel des Sees. Ihr Ufer säumen Trauerweiden, deren Zweige über die Wellen streichen. Inmitten eines grün-schattigen Pflanzendickichts scheinen verstohlen rote Säulen und geschwungene Traufen wie leuchtende Perlen über dem See auf. Der Pavillon wurde erstmals zur Nord-Wei-Zeit erbaut; der heutige Bau stammt vom Beginn der Qing-Zeit. An seinem Tor hängen zwei Tafeln mit der Inschrift: »Östlich vom Meere ist dieser Pavillon der älteste, aus Ji'nan stammen die meisten berühmten Leute.« Dieser Vers aus einem Gedicht, das der Tang-Dichter Du Fu (712–770) als Antwort auf ein Gedicht von Li Yong (678–747) verfertigt hatte, wurde von dem berühmten Kalligraphen der Qing-Zeit He Shaoji (1799–1873) eigenhändig geschrieben.

Der Gedächtnistempel des Nanfeng in einer Ecke am Nordostufer des Sees wurde ursprünglich zur Erinnerung an Zeng Gong (Beiname: Nanfeng) erbaut. Die von allen vier Seiten zugängliche Halle steht unmittelbar am Ufer. Dahinter liegen ein Teich, in dem Lotosblumen wachsen, und ein tiefgrüner Bambushain.

Der Gedächtnistempel des Herrn Tie an der Westseite des Nordufers bildet einen eigenen Garten mit Pavillons, Gängen und Brücken. Am See stehen der Pavillon »Kleines Wassergrün« (Xiaocanglangting) und ein langer Gang. Hinter dem Pavillon liegt ein Lotosteich. Der Pavillon »Kleines Wassergrün« stellt den günstigsten Standort zum Betrachten des Spiegelbildes des Buddhaberges (Foshan) dar. In die Wände des Ganges sind kalligraphische Reliefs eingraviert, wovon die Zeilen »Auf vier Seiten Lotosblüten, auf drei Seiten Weiden, die Stadt in den Hügeln ist zur Hälfte ein See« in den Schriftzügen von Tie Bao (1752–1824) besonderes Interesse finden. Der Gedächtnistempel selbst wurde in der Periode Qianlong der Qing-Dynastie zur Erinnerung an Tie Xuan (1366–1402), einen Kriegsminister der Ming-Dynastie, errichtet. Das Haus des Nordpols (Beijige) an der Ostseite des Nordufers ist ein daoistischer Tempel. Er steht auf einer hohen Terrasse und wird bisweilen auch »Nordpoltempel« (Beijimiao) genannt. Das Bauwerk stammt aus der Zeit der Yuan-Dynastie.

138

138. Der See der Großen Klarheit.

139

140

139. *Der Lixia-Pavillon steht auf einer Insel im See.*
140. *Der Gedächtnistempel des Herrn Tie, der Pavillon »Kleines Wassergrün«
und der lange Gang.*

141

141. *Eingang zum Garten der Ferne und Wandelgang.*
142. *Das Gestade des Angeschwollenen Grüns (Zhanglüpan), aufgetürmte Felsbrocken und der Aufrechte Pavillon am Südufer.*

Die Springende Quelle in Ji'nan

Die Springende Quelle (Baotuquan), auch »Geländerquelle« (Jianquan) oder »Wasserfallfließ« (Puliu) genannt, ist die bekannteste unter den 72 berühmten Quellen von Ji'nan. Sie hat eine lange Geschichte. Li Daoyuan, der unter der Nord-Wei-Dynastie lebte, schrieb in seiner »Klassischen Schrift von den Gewässern mit Kommentar« (Shuijingzhu): »Die Quelle drängt aufwärts, und das Wasser quillt unablässig … aus drei Höhlen hervor. Schneeweiße Wellen spritzen mehrere Fuß hoch empor, und ihr Getöse klingt wie ein gewaltiger Donner.« Der Name »Baotuquan« (»Springende Quelle«) taucht erstmals in der Song-Zeit in den »Aufzeichnungen aus den Zwei Hallen von Qizhou« (Qizhou ertang ji) des Schriftstellers Zeng Gong (1019–1083) auf.

Die Springende Quelle liegt in der Südwestecke der Altstadt von Ji'nan. Früher nahm sie nur eine Fläche von etwa 2600 Quadratmetern ein. Hier stand das Haus des Unsterblichen Lü (Lüxian'ge); gleichzeitig diente das Gebiet als Vergnügungs- und Erholungsstätte für die Werktätigen der Stadt. Nach 1949 wurde es zu einem Park ausgebaut, wobei eine Reihe von Quellen mit den Namen »Gewaschener Jade« (Shuyu), »Pferdegalopp« (Mapao), »Goldfaden« (Jinxian), »Weidenwatte« (Liuxu) und »Gewaschener Eßnapf« (Xibo) zu einem Wasserlauf zusammengeführt wurden, der sich nun durch den Garten hindurchschlängelt.

Die Springende Quelle liegt im westlichsten Teil des Gartens inmitten eines quadratischen Teichs. An der Nordseite des Teiches steht eine Gruppe von Gebäuden mit dem Namen »Luo-Quell-Halle« (Luoyuantang). Sie wurden erstmals zur Song-Zeit errichtet und später mehrfach umgebaut. Zur Jin-Zeit legte Yuan Haowen (1190–1257) hier den Gedächtnistempel für den Unsterblichen Lü (Lüxianci) an, um hier dem Lü Dongbin, einem der Acht Unsterblichen der daoistischen Tradition, Opfer darzubringen. Später wurde der Bau in »Haus des Unsterblichen Lü« umbenannt, und jetzt ist an der Stelle dieses Hauses die Luo-Quell-Halle wiedererrichtet worden. Hinter dieser Halle liegt der Gedächtnistempel für Ehuang und Nüying (Eyingci; die Schwestern Ehuang und Nüying sind in der chinesischen Sage die Gattinnen des Kaisers Shun), gewöhnlich »Die Drei Großen Hallen« (Sandadian) genannt. An den Mittelsäulen vor der Halle hängen Tafeln mit zwei Gedichtzeilen von

Zhao Mengfu (1254–1322) aus der Yuan-Zeit: »Blüten aus Wolken, Reif und feuchtem Dampf kommen unaufhörlich hervor – das Getöse der Wellen erschüttert den See der Großen Klarheit.« Dieser Vers beschreibt sehr lebendig den merkwürdigen Anblick, den damals die hervorquellenden Wasser der Springenden Quelle boten. Westlich des Teiches steht ein Pavillon mit dem Namen »Betrachten der Wellen« (Guanlan). Dieser Name ist in einen Stein hinter dem Pavillon eingraviert. Außerdem gibt es noch eine Stele mit der Inschrift »Die Erste Quelle« (Diyiquan). Eine andere Stele vor dem Pavillon enthält die Inschrift »Springende Quelle« in der Handschrift von Hu Zuanzong aus der Ming-Zeit. An der Ostseite des Teiches befindet sich die Ost-Kranich-Brücke (Dongheqiao) mit einem Schmucktor davor, das die Inschrift »Alte Stätte des Penglai-Berges« (Pengshan jiuji) trägt. Sie soll andeuten, daß man früher die drei Quellen als die drei Berge der Unsterblichen auf der Sageninsel Penglai verstanden wissen wollte. Südlich des Teiches ist ein geräumiger Wandelgang neu erbaut worden. Auf sein Geländer gelehnt, kann man den Anblick des hervorquellenden Wassers genießen.

Östlich der Springenden Quelle steht am Wasser ein Gebäude mit dem Namen »Pavillon des Ausschauens nach den Kranichen« (Wangheting). Gewöhnlich wird es aber »Penglai-Teehaus« (Penglai chashe) genannt. Dieses Teehaus ist wegen des Tees berühmt, der hier aus dem klaren Quellwasser gebrüht wird. Der Überlieferung zufolge soll der Kaiser Qianlong der Qing-Dynastie bei seinen Reisen durch den Süden stets Wasser von der Springenden Quelle mit sich geführt haben, um unterwegs davon zu trinken.

Östlich vom Pavillon des Ausschauens nach den Kranichen befinden sich die Goldfadenbibliothek (Jinxian shuyuan), die Goldfadenquelle (Jinxianquan) und die Quelle »Gewaschener Jade«. Hier soll sich der Überlieferung nach der Wohnsitz der Dichterin Li Qingzhao (geb. 1084) befunden haben; der Name ihres berühmten Werkes »Sammlung ›Gewaschener Jade‹« (Shuyuji) bezieht sich hierauf. Südlich vom Ambrabaum-Bach (Fengxi) steht eine Hofanlage mit dem Namen »Grüner Garten« (Cangyuan), jener Ort, an dem der berühmte Dichter der Ming-Zeit Li Panlong (1514–1570) seinen Studien nachging.

143

143. Der Ambrabaum-Bach.

144

144. *Die Goldfadenquelle.*
145. *Die berühmte Springende Quelle.*

Der Tempel der Tausend Buddhas in Ji'nan

Der Tempel der Tausend Buddhas (Qianfosi) liegt auf halber Höhe am Hang des landschaftlich reizvollen Berges der Tausend Buddhas in einem südlichen Außenbezirk von Ji'nan. Südwärts grenzt der Tempel an eine Steilwand, nach Norden hat man einen Blick auf den Ort Quancheng. Seit alters her ist dies ein beliebtes Ausflugsziel der Stadtbevölkerung. Jedes Jahr zum Tempelfest am 3. Tag des 3. Monats, zum Fest der Begegnung des Hirten und der Weberin auf der von Elstern gebildeten Brücke (nach einer bekannten Legende) am 7. Tag des 7. Monats oder am »Doppel-Yang«-(Chongyang-)Fest am 9. Tag des 9. Monats strömen die Leute in Gruppen hierher, um die Sehenswürdigkeiten zu betrachten oder auf den Berg zu steigen und in die Ferne zu schauen.

Die Tempelanlage besteht aus einem östlichen und einem westlichen Teil; den westlichen bildet der »Tempel der Tausend Buddhas«, den östlichen der »Lishan-Garten« (Lishanyuan).

Der Tempel stammt aus der Sui-Zeit und hieß damals »Bergtempel der Tausend Buddhas« (Qianfo shansi). Zur Tang-Zeit wurde eine umfassende Rekonstruktion durchgeführt und der Tempel in »Chan-Tempel des Aufschwungs des Reiches« (Xingguo chansi) umbenannt. Der Berg der Tausend Buddhas hieß ursprünglich Li-Berg (Lishan). Der Sage nach hatte einst der Kaiser Shun am Fuße des Li-Berges den Acker bestellt. Zur Sui-Zeit wurde der Li-Berg mit der Anlage von Tempelhöhlen und Tempelgebäuden allmählich erschlossen.

Man besteigt den Berg über einen Steinpfad von der Westseite aus. Am Pavillon des Tang-Schnurbaums (Tanghuaiting) vorbei und durch die Schmucktore »Neun Fleckchen Dunst über dem Lande Qi« (Qi yan jiu dian paifang) sowie »Chan-Paß am Wolkenpfad« (Yunjing changuan paifang) erreicht man den Haupteingang des Tempels der Tausend Buddhas. Der Name »Neun Fleckchen Dunst über dem Lande Qi« spielt auf den Vers des berühmten Tang-Dichters Li He (790–816) an: »Blickt man in die Ferne, so erscheint das Land Qi wie neun Fleckchen Dunst.« Passiert man das Schmucktor »Chan-Paß am Wolkenpfad« und blickt dann nach oben, sieht man unterhalb des Gipfels eine in den Fels gehauene Inschrift in Siegelschrift-Zeichen. Wendet man sich von hier nach Osten, so steht man vor dem Haupteingang des Tempels. In die Mauern zu beiden Seiten des Eingangs ist ein Spruch eingraviert: »Die Abendtrommel und die Morgenglocke lassen alle die auffahren, die auf der Welt nach Ansehen und Gewinn streben; der Klang der Sutralesung und der Ruf Buddhas rufen alle die zurück, die sich im Meer der Bitternis verirrt haben.« Hinter dem Haupteingang befindet sich auf der Südseite des Berges eine steile Felswand, in deren unteren Teil zehn Höhlen eingemeißelt sind. Außerdem weist diese Felswand mehr als hundert eingravierte Buddhareliefs auf, zumeist Werke der Sui-Zeit. Dies ist der weithin berühmte »Hang der Tausend Buddhas«. An seinem Fuße liegen drei größere natürliche Höhlen mit den Namen »Drachenquell« (Longquan), »Höchste Freude« (Jile) und »Qian Lou« (Name eines wegen seiner Charakterstärke berühmten Mannes des chinesischen Altertums). Die Drachenquellhöhle ist etwa zehn Meter tief. In ihrem Inneren entspringt ein Gewässer, das so klar ist, daß man bis auf seinen Grund sehen kann. Die größte Höhle, »Höchste Freude« genannt, enthält eine Statue des Buddha Sakyamuni. Die Qian-Lou-Höhle ist fünfzehn Meter tief und verwinkelt. Östlich von ihr steht ein steinernes Schmucktor mit der Aufschrift »Paradies« (Dongtian fudi). Hinter diesem Tor führt ein steinerner Pfad den Berg hinan.

Vom Tempel der Tausend Buddhas aus gelangt man in den Lishan-Garten, dessen Gebäude zumeist mit dem Rücken zum Berg gebaut sind. Die wichtigsten von ihnen sind das Haus des Literaturgottes (Wenchangge), der Gedenktempel des Lu Ban (Lu Ban ci) und der Gedenktempel des Sagenkaisers Shun (Shun ci). Auf der Nordseite dicht am Felshang wurden ein langer Gang und ein Aussichtspavillon neu erbaut; dies ist die beste Stelle zum Ausblick auf den Ort Quancheng.

146

146. *Der Hang der Tausend Buddhas im Hof des Tempels des Aufschwungs des Reiches am Berg der Tausend Buddhas.*

147

147. Ein Winkel im Hof des Tempels.
148. Der Berg der Tausend Buddhas.
149. Ein Hof im Lishan-Garten mit einer Zypresse aus der Song-Zeit.

148

Der Mochou-See in Nanjing

Der Mochou-See (Mochouhu) trägt seinen Namen zur Erinnerung an das Mädchen Lu Mochou, das zur Zeit der Süd-Qi-Dynastie gelebt haben soll. Der Sage nach war Mochou ein kluges, schönes, fleißiges und gutgesinntes Mädchen, das sich für das allgemeine Wohl einsetzte, aber durch Verleumdung zu Fall kam und starb. Später benannten die Leute den in der Nähe ihres Wohnsitzes gelegenen Steinwallsee (Shichenghu) in Mochou-See um.

Der Mochou-See liegt außerhalb des »Tores westlich vom Wasser« (Shuiximen) und wird schon in dem Werk »Aufzeichnungen über das Reichsgebiet aus der Taiping-Zeit« (Taiping huanyuji) des Song-zeitlichen Autors Yue Shi (930–1007) beschrieben. Seit der Song- und der Yuan-Zeit ist die Stelle sehr berühmt; sie wurde als »Erste Sehenswürdigkeit von Jinling (Nanjing)«, als »Erste unter den 48 Sehenswürdigkeiten von Nanjing« oder als »Der berühmteste See der Süd-Song« bezeichnet.

Zur Zeit des Qing-Kaisers Qianlong errichtete man hier eine Reihe von Bauten, darunter die Tulpenhalle (Yujintang), die Styrax-Loge (Suhexiang), das Haus des Siegreichen Schachspiels (Shengqilou), die Halle des Genießens der Lotosblumen (Shangheting) und den Pavillon der Strahlenden Blüte (Guanghuating). Nachdem diese Bauten während der Xianfeng-Periode durch Kriegseinwirkungen zerstört worden waren, erfolgte in der Periode Tongzhi ein Wiederaufbau. Sie verfielen jedoch wegen unzureichender Pflege und mußten nach 1949 nochmals wiederaufgebaut werden.

Der Mochou-See nimmt eine Fläche von 46 Hektar ein, wobei die Wasserfläche zwei Drittel beträgt. Am Ufer wachsen in Reihen Weiden, grüner Rasen breitet sich hin wie ein Teppich – eine bezaubernde Landschaft. Die Insel »Pavillon im Herzen des Sees« (Huxinting) läßt die Szenerie noch abwechslungsreicher erscheinen.

Am Südufer des Sees befinden sich drei Gruppen von Bauten, die um miteinander verbundene Höfe herum angeordnet sind. Die Gruppe auf der Westseite besteht aus der Halle des Genießens der Lotosblumen, dem Quadratischen Pavillon (Sifangting) und dem Pavillon der Strahlenden Blüte. Die Pavillons und ein Gang umgeben den in der Mitte liegenden Goldfischteich, in dem eine Statue des Mädchens Mochou steht, ein Werk aus jüngerer Zeit. In der Nordwand der Halle des Genießens der Lotosblumen gibt ein großes rechteckiges Fenster den Blick auf den in der Ferne stehenden Pavillon im Herzen des Sees frei. Dadurch entsteht eine Verbindung zwischen den Szenerien innerhalb und außerhalb dieses Hofes, wodurch die Anlage sehr frei und lebhaft wirkt. Das Hauptgebäude im mittleren Hof ist die Tulpenhalle, die der Wohnsitz des Mädchens Mochou gewesen sein soll. An der Wand eines Ganges in diesem Hof befinden sich ein Steinrelief mit einer Darstellung des Mädchens sowie eine Steleninschrift mit dem Gedicht des Liang-Kaisers Wudi »Lied vom Mädchen im Fluß« zu ihrem Lobpreis. Der Hof auf der Ostseite wird vom Haus des Siegreichen Schachspiels und der Buddha-Schmuck-Klause (Huayan'an) gebildet. Der Name »Haus des Siegreichen Schachspiels« geht zurück auf eine Geschichte, der zufolge der erste Ming-Kaiser Taizu (Zhu Yuanzhang) mit dem um die Gründung der Dynastie verdienten Xu Da (1332–1385) Schach gespielt und ihm dieses Haus und den Mochou-See als Anerkennung für sein Können im Schachspiel und zum Lohn für seine Verdienste um die Dynastie geschenkt haben soll. Gegenwärtig sind hier Möbel, Bronzegeräte, Kalligraphien und Malereien der Ming- und der Qing-Zeit ausgestellt. Den Hof zieren Felsbrocken und Pflanzen, er wirkt schlicht und edel. Heute gibt es am Südufer des Sees noch zahlreiche weitere Wasserpavillons und andere Bauten. Sie wurden zusammen mit vielen Bäumen und Blütenpflanzen nach Gründung der Volksrepublik China hinzugefügt.

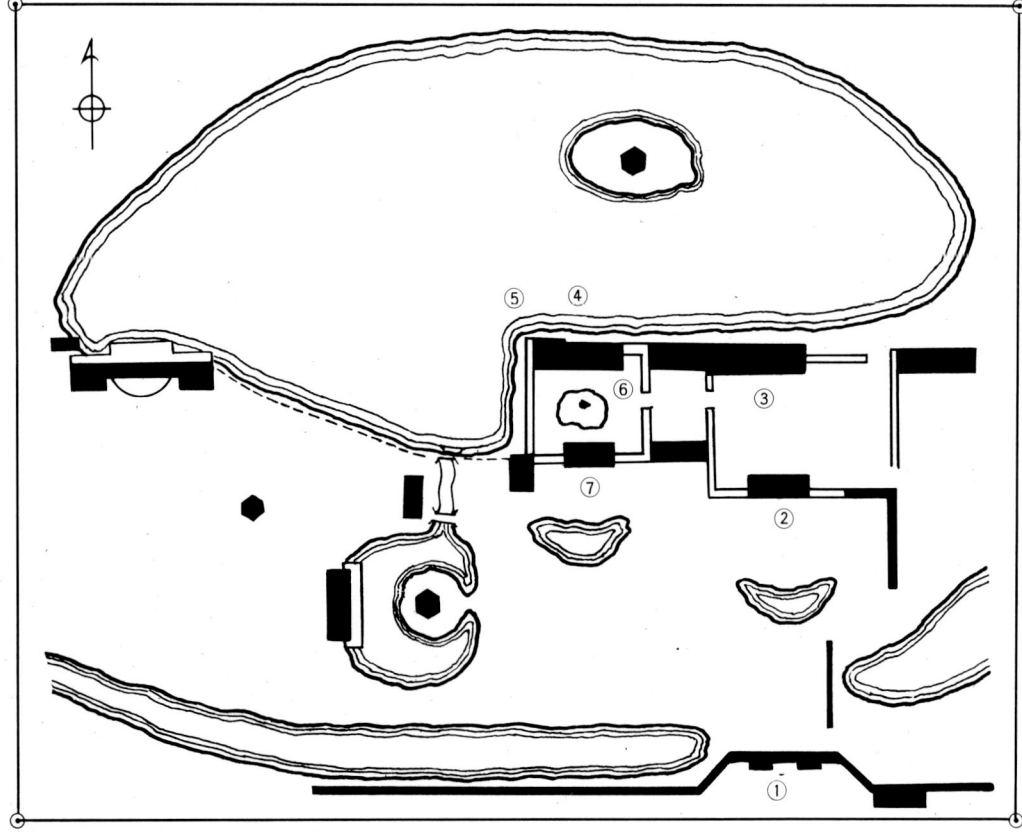

Mochou-See
1 Eingang
2 Buddha-Schmuck-Klause (Huayan'an)
3 Haus des Siegreichen Schachspiels (Shengqilou)
4 Halle des Genießens der Lotosblumen (Shangheting)
5 Quadratischer Pavillon (Sifangting)
6 Statue des Mädchens Mochou
7 Pavillon der Strahlenden Blüte (Guanghuating)

150

150. *Der Goldfischteich vor der Halle des Genießens der Lotosblumen und die in dem Teich stehende anmutige Statue des Mädchens Mochou.*

183

151

152

153

151. Mauer und Hof westlich vom Haus des Siegreichen Schachspiels.
152. Im Hause des Siegreichen Schachspiels hat der Überlieferung nach der Ming-Kaiser Taizu (Zhu Yuanzhang) mit dem verdienten Beamten Xu Da Schach gespielt.
153. Blick vom Südufer des Sees nach Osten auf den Quadratischen Pavillon und die Halle des Genießens der Lotosblumen.

Der Schlanke Westsee in Yangzhou

Der Schlanke Westsee (Shouxihu) liegt im Nordwesten der Stadt Yangzhou und hieß ursprünglich »Schutz-Fluß« (Baozhanghe). Er ist im Gefolge der Veränderungen der Stadtmauer aus der Verbindung alter Stadtgräben mit dem Kaiserkanal entstanden. Seit der Sui- und der Tang-Zeit wurde er allmählich zu einem Landschaftsgebiet entwickelt. Der Qing-Kaiser Qianlong besuchte auf seinen Reisen in den Süden auch den Schlanken Westsee und bewirkte dadurch, daß hier zahlreiche Szenerien und Sehenswürdigkeiten geschaffen wurden. Damals zogen sich auf beiden Ufern die Gebäude, Pavillons und Terrassen in ununterbrochener Reihe hin, und es hieß im Vers: »Auf beiden Ufern stehen Blütengehölze und Weiden dicht am Wasser, und Häuser und Terrassen säumen den Weg bis zum Berg« (gemeint ist die Halle des Flachen Berges, Pingshantang). Man sagt, entlang dem Uferweg habe es 24 verschiedene Landschaftsszenerien gegeben.

Die gewundene Wasserfläche des Schlanken Westsees erstreckt sich von der Kaiserlichen Bootsanlegestelle (Yumatou) im Südosten bis zur Halle des Flachen Berges im Nordwesten in einer Länge von 4,3 Kilometern. Der gegenwärtige Eingang zum Park liegt nördlich der Brücke des Großen Regenbogens (Dahongqiao). Hier beginnt ein langer Damm, dessen Ufer von den berühmten »Frühlingsweiden des Langen Damms« (Changti chunliu) gesäumt wird. Sie gelten als ein Wahrzeichen des Schlanken Westsees. Am Nordende des langen Damms liegt der Xu-Garten (Xuyuan) mit einem Lotosteich, einer Steinbrücke und einem Bambushain. Sein Hauptgebäude ist das Haus zum Hören des Pirolrufes (Tingliguan). Auf der Westseite steht das »Terrassenhaus zum Rezitieren von Gedichten im Frühlingsgras am Teich« (Chuncao chitang yin xie). Noch weiter westwärts gelangt man durch einen Wandelgang zum Haus der Vereinzelten Felsspitzen (Shufengguan).

Nördlich des Xu-Gartens führt eine kleine Brücke auf die Insel »Kleiner Goldberg« (Xiao jinshan) im Zentrum des Parkgebietes. Der Kleine Goldberg hieß ursprünglich »Berg des Ewigen Frühlings« (Changchun-

ling) und ist durch Aufschüttung von Schlamm entstanden. Auf seinem Gipfel steht ein Pavillon mit dem Namen »Windpavillon« (Fengting). Von hier aus kann man das gesamte Parkgebiet überblicken. Auf der Westseite der Insel liegen das Haus der Grünen Schatten (Lüyinguan) und die Strohgedeckte Halle über dem See (Hushang caotang), in der Mitte die Zitherklause (Qinshi) und der Kleine Zimtblütenhof (Xiao guihuayuan). Das Mondkloster (Yueguan) im Osten der Insel bietet eine günstige Sicht auf das Haus des Dunstes und des Regens der Vier Jahreszeiten (Sishi yanyu lou). Den Westteil der Insel bildet ein langer Damm, der sich in den See hinein erstreckt. An seinem Ende steht ein kleiner Pavillon mit dem Namen »Terrasse des Blasens« (Chuitai). Der Überlieferung nach pflegte hier Kaiser Qianlong zu angeln. In Form- und Farbgebung bildet dieser Pavillon ein entferntes Gegenstück zu der Brücke der Fünf Pavillons (Wutingqiao) im Westteil des Sees.

Diese Brücke der Fünf Pavillons, eine komplizierte Konstruktion aus 15 Bögen, ist zweifellos die Hauptsehenswürdigkeit des Schlanken Westsees. Sie heißt auch Lotosblumenbrücke (Lianhuaqiao) und wurde zur Qianlong-Zeit erbaut. Auf der Brücke stehen fünf quadratische Pavillons mit Pyramidendächern, die mit gelben Glasurziegeln gedeckt sind. Diese eigenartige Konstruktion findet man in den altchinesischen Parks selten. Südlich der Brücke liegt der Tempel der Lotosnatur (Lianxingsi) mit einer weißen lamaistischen Pagode, die der im Nordmeer-Park von Peking ähnelt. Sie weist aber etwas klarere und schlankere Proportionen auf. Zusammen mit der Brücke der Fünf Pavillons bildet sie eine abwechslungsreiche Linie. Östlich der Brücke der Fünf Pavillons befindet sich eine kleine Insel mit dem Namen »Stockenten-Gut« (Fuzhuang). Wasserpavillons und ein gewundener Gang verleihen ihr einen vornehmen Charakter.

Am Nordufer des Sees steht noch ein Gebäude »Wasser und Wolken Allem Überlegen« (Shuiyun shenggai), das auch »Große Zimtblütenhalle« (Da guihuating) genannt wird.

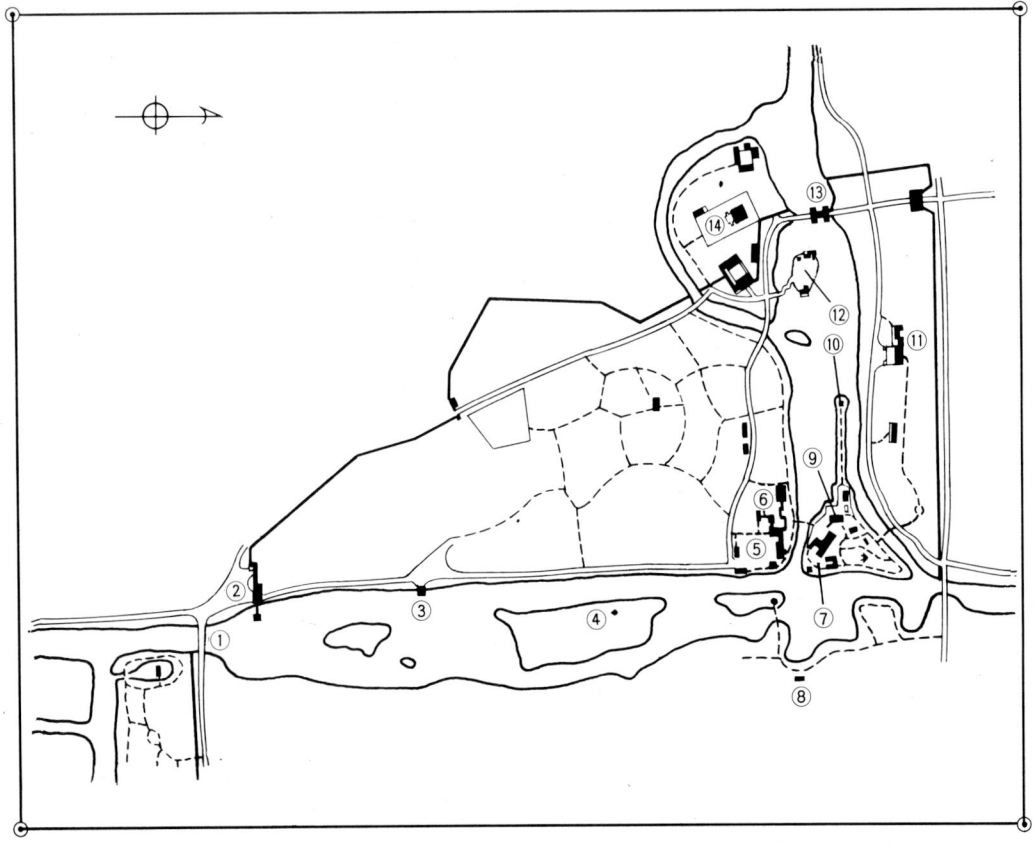

Der Schlanke Westsee
1 *Brücke des Großen Regenbogens (Dahongqiao)*
2 *Eingang*
3 *Pavillon »Frühlingsweiden des Langen Damms«*
  (Changti chunliu ting)
4 *Warmer Wind in Lotos und Schilf (Hepu xunfeng)*
5 *Xu-Garten (Xuyuan)*
6 *Haus der Vereinzelten Felsspitzen (Shufengguan)*
7 *Kleiner Goldberg (Xiao jinshan)*
8 *Haus des Dunstes und des Regens der Vier*
  Jahreszeiten (Sishi yanyu lou)
9 *Windpavillon (Fengting)*
10 *Terrasse des Blasens (Chuitai)*
11 *Wasser und Wolken Allem Überlegen (Shuiyun*
  shenggai)
12 *Stockenten-Gut (Fuzhuang)*
13 *Brücke der Fünf Pavillons (Wutingqiao)*
14 *Weiße Pagode (Baita)*

154

154. Die Brücke der Fünf Pavillons und die Weiße Pagode.

156

157

155. Der Schlanke Westsee wirkt in den letzten Strahlen der Abendsonne
noch stiller und poetischer.
156. Das Stockenten-Gut, eine Gruppe feiner Bauten inmitten des Sees, sieht
von der Ferne aus wie eine auf dem Wasser schwimmende Ente.
157. Der gewundene Verlauf der Wasserfläche schafft wechselvolle
Naturansichten.

158

159

160

158. *Eingangstor zum Hof »Kleiner Goldberg«.*
159. *Der Kleine Zimtblütenhof (Xiao guihuayuan) bildet eine abgeschlossene kleine Hofanlage. Zahlreiche Zimtbäume erfüllen die Luft mit ihrem Duft.*

160. *Blick von der Terrasse des Blasens auf die Weiße Pagode und die Brücke der Fünf Pavillons.*
161. *Vergnügungsboote bilden ein bewegliches Element der Szenerie des Schlanken Westsees.*

Die Halle des Flachen Berges in Yangzhou

Die Halle des Flachen Berges (Pingshantang) liegt in einem nordwestlichen Außenbezirk der Stadt. Das hügelige Gelände an dieser Stelle trägt den Namen »Shu-Hügel« (Shugang). Früher reichte das Wasser des Schlanken Westsees bis hierher. An Altertümern gibt es hier heute noch buddhistische Tempel und Gedächtnishallen wie den Tempel der Großen Klarheit (Damingsi), die Halle des Flachen Berges und das Haus der Ebenen Ferne (Pingyuanlou) im Ostteil sowie die Parkanlagen im Westteil, dem sogenannten Westpark (Xiyuan). Die Gedächtnishalle für den Mönch Jian Zhen (688–763) im Ostteil stammt erst aus dem Jahre 1980. Seit langer Zeit schon wird das ganze Landschaftsgebiet der Shu-Hügel »Halle des Flachen Berges« genannt.

Der Tempel der Großen Klarheit wurde in der Zeit der Sechs Dynastien errichtet und in der Qing-Zeit in »Tempel der Reinheit des Dharma« (Fajingsi) umbenannt. Die heutigen Bauten stammen aus jener Zeit: die Kostbare Halle des Großen Heldenhaften (Da xiong baodian), das Haupttor und das Schmucktor. Sie sind alle auf einer zentralen Achse angeordnet. An der Außenseite des Tempeltores befindet sich die in Stein gravierte Inschrift: »Erste Sehenswürdigkeit östlich des Huai-Flusses« (Huai dong di yi guan), eine Zeile aus einem Gedicht des Song-Dichters Qin Guan (1049–1101). Seit der Tang-Zeit haben viele Literaten und Kalligraphen, unter ihnen Li Bo (701–762), Gao Shi (gest. 765), Bo Juyi (772–846) und Liu Yuxi (772–842), diese Stelle besucht und in zahlreichen Gedichten ihre landschaftlichen Schönheiten besungen. Besonders bekannt wurde der Tempel der Großen Klarheit dadurch, daß der Tang-zeitliche Mönch Jian Zhen hier lehrte und von diesem Tempel aus nach Japan reiste.

Die Halle des Flachen Berges war ursprünglich von dem großen Schriftsteller der Song-Zeit Ouyang Xiu (1007–1072) errichtet worden. Sie liegt westlich vom Tempel der Großen Klarheit. Die heutigen Gebäude – die Gedächtnishalle des Ouyang (Ouyangci), die Halle des Talwaldes (Gulintang) und die Halle des Flachen Berges (Pingshantang) – sind ebenfalls auf einer eigenen Achse angeordnet. Östlich vom Tempel der Großen Klarheit steht das in der Yongzheng-Periode der Qing-Zeit erbaute Haus der Ebenen Ferne. Von seinem obersten Geschoß bietet sich ein herrlicher Blick über die Ebene auf die fernen Berge.

Der hügelige Westpark wurde in der Periode Qianlong der Qing-Dynastie als Park für die Gedächtnishallen und die buddhistischen Tempel angelegt. In seiner Mitte liegt ein Teich mit naturähnlich ausgebuchteten Ufern. Von seinen beiden Inseln beherbergt die eine ein Bootshaus, die andere den Pavillon der Schönen Quelle (Meiquanting). Nordöstlich des Teiches stehen ein schmuckvoller Pavillon und eine Hütte inmitten von grünem Bambus und alten Bäumen. Die Zypressenbaumhalle (Baimuting) an der Südostecke des Teichs bildet das Hauptgebäude des Westparks. Aus einem künstlichen Felsen am Ostufer des Teichs entspringt »Die Fünfte Quelle im Reiche« (Tianxia diwu quan), die diesen Namen deswegen führt, weil der Teekenner der Tang-Zeit Zhang Youxin das Wasser dieser Quelle unter den Wassersorten, die für den Tee geeignet sind, an fünfter Stelle einstufte.

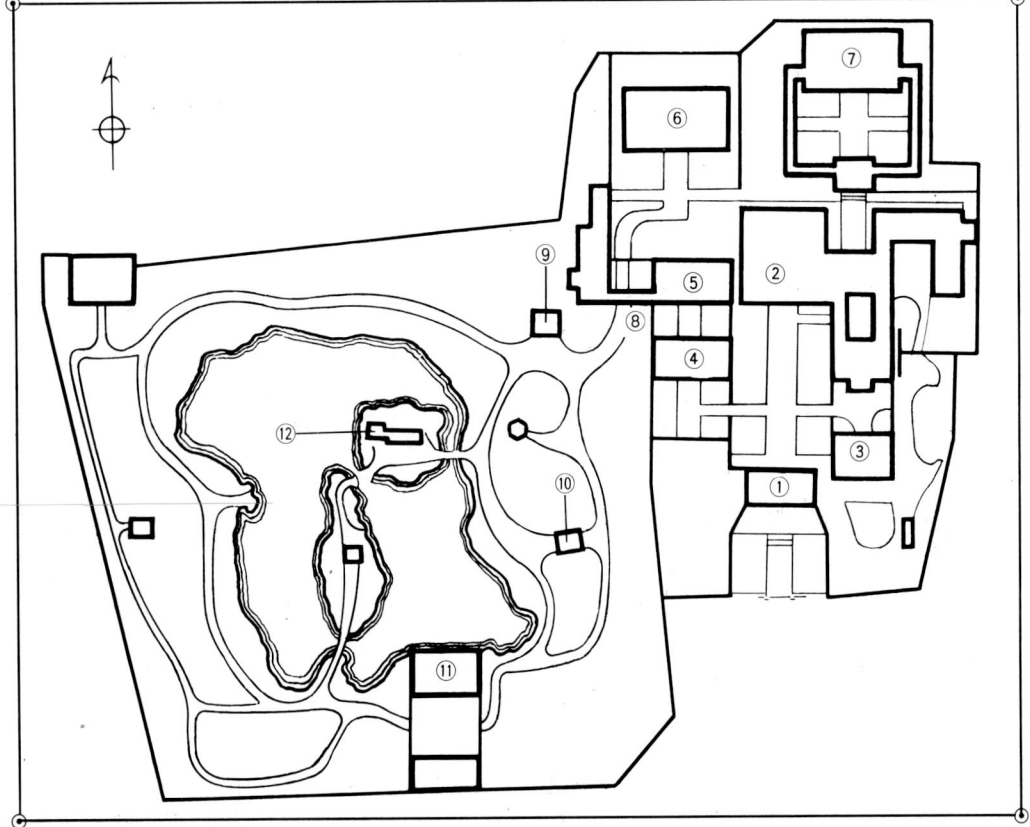

Die Halle des Flachen Berges
1 *Tempel der Großen Klarheit (Damingsi)*
2 *Kostbare Halle des Großen Heldenhaften (Da xiong baodian)*
3 *Haus der Ebenen Ferne (Pingyuanlou)*
4 *Halle des Flachen Berges (Pingshantang)*
5 *Halle des Talwaldes (Gulintang)*
6 *Gedächtnishalle des Ouyang (Ouyangci)*
7 *Gedächtnishalle für Jian Zhen*
8 *Eingang zum Garten der Düfte (Fangyuan)*
9 *Pavillon mit der Stele des Kaisers Qianlong*
10 *Pavillon mit der Stele des Kaisers Kangxi*
11 *Zypressenbaumhalle (Baimuting)*
12 *Bootshaus*

162

162. Inschrift am Eingang des Parks.

163

164

165

163. *Das Haus der Ebenen Ferne.*
164. *Über eine Steintreppe gelangt man vom Tempel in den Garten der Düfte.*
165. *Die Zypressenbaumhalle im Westpark.*

Der Goldberg in Zhenjiang

Der Goldberg (Jinshan) liegt im Nordwesten des Stadtgebiets. Er ist 60 Meter hoch und hat einen Umfang von mehr als 500 Metern. Zur Ost-Jin-Zeit wurde hier mit dem Bau des Tempels des Wohltätigen Herzens (Zexinsi) begonnen. Zur Song-Zeit in »Tempel des Drachenspiels« (Longyousi) und zur Qing-Zeit nochmals in »Tempel des Stromes und des Himmels« (Jiangtiansi) umbenannt, wird er jedoch seit der Tang-Zeit gewöhnlich »Goldberg-Tempel« (Jinshansi) genannt.

Die Bauten des Goldberg-Tempels sind so hintereinander angeordnet, daß sie in geschickter Anpassung an die Bodenform den Berggipfel stufenweise umgeben, weshalb man auch sagt: »Der Goldberg-Tempel umschließt den Berg.« Auf der Bergspitze steht die machtvolle Pagode des Barmherzigen Langen Lebens (Cishouta), die erstmalig zur Zeit der Qi- und Liang-Dynastien errichtet wurde, dann aber viele Rekonstruktionen und Neubauten erlebte – die heutige Holzpagode ist ein Bau vom Ende der Qing-Zeit. Sie weist einen achteckigen Grundriß auf und besitzt sieben Geschosse, deren jedes außen von einem offenen Gang umgeben ist. Östlich der Pagode befindet sich der Gipfel der Wundersamen Höhe (Miaogaofeng), unterhalb dessen eine hohe Terrasse liegt. Der Überlieferung nach soll hier zur Song-Zeit Yuan Tao das »Lied der Wassermelodie« (Shuidiao getou) gesungen haben, zu dem der Dichter Su Dongpo (1036–1101) zu tanzen anfing. Auf der Westseite der Terrasse erhebt sich der Pavillon der Sieben Gipfel (Qifengting). Ursprünglich stand hier das Haus der Sieben Gipfel (Qifengge), wo der Überlieferung zufolge der Abt Dao Yue dem Feldherrn Yue Fei (1103–1141) einen Traum deutete.

Auf dem Goldberg gibt es jetzt noch vier alte Höhlen: die Höhle des Dharma-Meers (Fahaidong), die Höhle des Weißen Drachen (Bailongdong), die Höhle der Morgensonne (Zhaoyangdong) und die Höhle der Unsterblichen (Xianrendong). Die Namen der beiden erstgenannten Höhlen gehen auf die Geschichten von der Weißen Schlange (Baishezhuan) und vom Wasser, das den Goldberg überflutete (Shui man jinshan), zurück. Südwestlich des Berges befindet sich die Lanka-Terrasse (Lengqietai), auf der Su Dongpo Sutras kopiert haben soll. Die kühle Quelle, die etwa einen halben Kilometer westlich vom Goldberg entspringt, wurde zur Tang-Zeit von Liu Bochu bei seiner Klassifizierung der für das Brühen von Tee geeigneten Quellen an erster Stelle eingestuft.

Zur Ming-Zeit, im Jahre 1472, kam der japanische Maler Sesshū einmal auf den Goldberg und malte das »Bild vom Chan-Tempel des Drachenspiels auf dem Goldberg am Yangtsekiang im Reich der Großen Tang«, das später in Japan weite Verbreitung fand und sehr berühmt wurde.

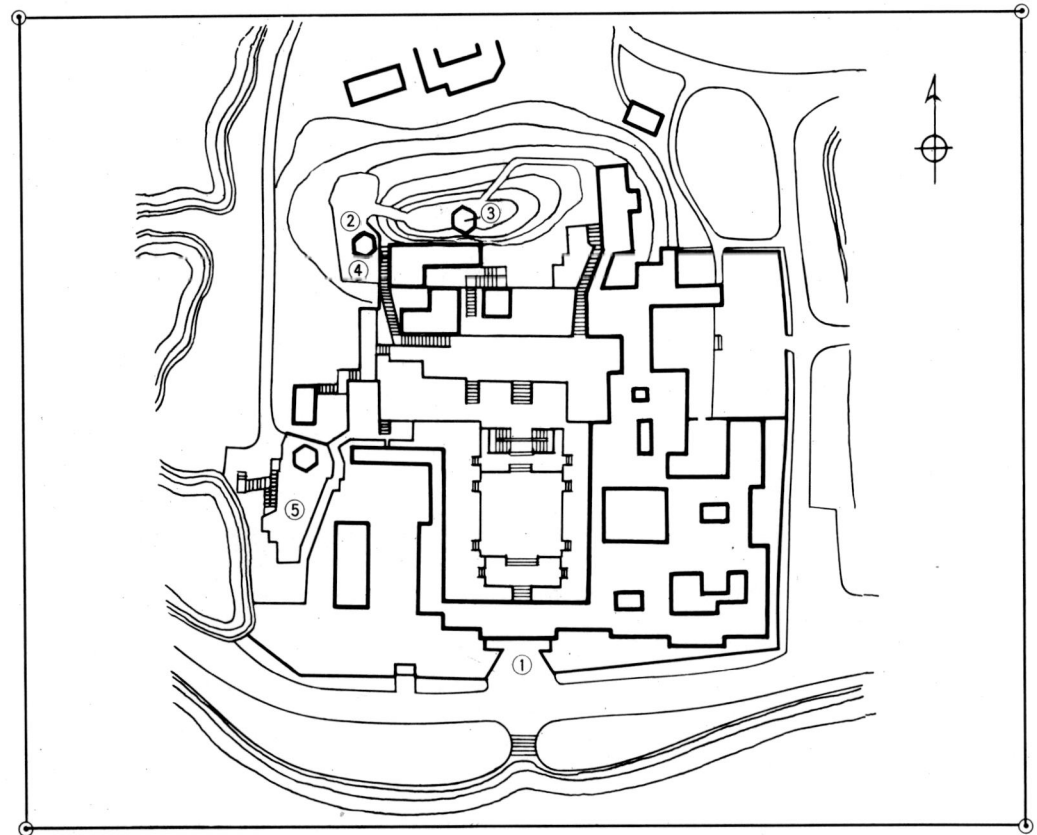

Goldberg-Tempel
1 Haupttor
2 Pagode des Barmherzigen Langen Lebens (Cishouta)
3 Pavillon »Ein Blick auf Strom und Himmel« (Jiang tian yi lan ting)
4 Höhle des Dharma-Meers (Fahaidong)
5 Terrasse der Wundersamen Höhe (Miaogaotai)

166

167

168

167. *Pavillon an der alten Höhle der Unsterblichen.*
168. *Die Höhle des Weißen Drachen.*
169. *Gesamtansicht des Goldberg-Tempels.*

Der Westsee bei Hangzhou

Der Westsee (Xihu) bei Hangzhou ist ein weltberühmtes Landschafts- und Ausflugsgebiet mit einer Geschichte, die sich von seiner Erschließung bis heute über zweitausend Jahre erstreckt. Der Westsee hieß zur Zeit der beiden Han-Dynastien »Wulin-Gewässer« (Wulinshui), zur Tang-Zeit Qiantang-See (Qiantanghu). Weil er westlich von Hangzhou liegt, wird er jedoch gewöhnlich »Westsee« genannt. Zur Nord-Song-Zeit verglich einmal der Dichter Su Dongpo (1036–1101) in einem Gedicht den Westsee mit dem Mädchen Xi Shi, der berühmten Schönheit des Altertums. Deshalb wird er auch bisweilen »Xizi-See« (Xizihu) genannt.

Der Westsee ist auf seiner Nord-, West- und Südseite von Bergen umschlossen, an seiner Ostseite liegt die Stadt. Daher sagt man auch »Drei Seiten Wolkenberge und eine Seite Stadt«. Die Berge sind lieblich und vielgestaltig. Der Juwelenberg (Baoshishan) auf der Nordseite und der Jadekaiserberg (Yuhuangshan) auf der Südseite fassen den See ein, so daß die Sage vom Drachen und vom Phönix entstand, die sich um die Perle streiten.

Der gegenwärtige Westsee erstreckt sich in Nord-Süd-Richtung in einer Länge von 3,3 Kilometern und in Ost-West-Richtung bis zu einer Breite von 2,8 Kilometern; seine Fläche beträgt etwa 5,6 Quadratkilometer. Auf der Nordseite des Sees liegt die Insel »Ein Einsamer Berg ragt steil empor« (Gushan zhili), weitere drei Inseln in der Mitte des Sees heißen »An Drei Tiefen Stellen spiegelt sich der Mond« (Santan yinyue), »Pavillon im Herzen des Sees« (Huxinting) und »Hügel des Herrn Ruan« (Ruan gong dun). Durch den Nordteil und den Westteil des Sees ziehen sich der Damm des Herrn Bo (Boti) und der Damm des Herrn Su (Suti). In den blaugrünen Wellen des Westsees spiegeln sich die umliegenden Berge. Tausendfache Formen entstehen im wechselnden Morgen- und Abendlicht. Seit alters her sagt man daher preisend: »Oben gibt es das Himmelreich, unten Suzhou und Hangzhou.«

Die Erschließung des Westsees im Laufe verschiedener Geschichtsepochen hat eine große Zahl von Kulturdenkmälern und Altertümern hinterlassen, wie Tempel, Pagoden, Inschriften und Höhlen, die berühmte Punkte in der Szenerie bilden. In Bildern vom Westsee, wie etwa von dem Süd Song Maler Ma Yuan (etwa 1190–1224), werden bereits »Zehn Szenerien des Westsees« erwähnt, deren Ruhm von Generation zu Generation weitergegeben wurde.

Die Hauptpunkte der Szenerien des Westsees kann man grob einteilen in die Uferzone, die Zone des Sees, die Bergzone und die Zone am Qiantang-Fluß. In der Uferzone liegen die Stellen »An Wellen unter Weiden hört man den Pirol« (Liu lang wen ying), »Betrachten der Fische am Blütenhafen« (Hua gang guan yu) und das Grab des Yue Fei (Yuefen). Zur Zone des Sees gehören die Stellen »Stiller See und Herbstmond« (Pinghu qiuyue), »Einsamer Berg« (Gushan), der Sitz der 1903 gegründeten Epigraphik-Gesellschaft Xiling yinshe, die Insel »An Drei Tiefen Stellen spiegelt sich der Mond«, die Stelle »Frühlingsmorgen am Damm des Herrn Su« (Suti chunxiao), der Damm des Herrn Bo, die Höhle des Gelben Drachen (Huanglongdong), die Stellen »Verdecktes Leuchten« (Taoguang), »Lotos im Wind im gekrümmten Hof« (Quyuan fenghe), »Drachenbrunnen« (Longjing) und »Tigerrennen« (Hupao), die Höhle des Rötlichen Dunstschleiers (Yanxiadong) und andere Sehenswürdigkeiten. In der Zone am Qiantang-Fluß befinden sich unter anderem die Pagode der Sechs Harmonien (Liuheta), die Stelle »Neun Bäche und Achtzehn Schluchten« (Jiu xi shiba jian), das Wolkennest (Yunqi) und die Senke der Familie Mei (Meijiawu).

Die Erschließung des Landschaftsparks am Westsee und seine Anziehungskraft sind nicht zu trennen von den Namen vieler historischer Persönlichkeiten Chinas. So hat Li Bi (722–789) die Sechs Brunnen (Liujing) gebohrt, Bo Juyi und Su Dongpo haben die nach ihnen benannten Dämme errichtet, Yue Fei, Yu Qian und Shuang Shaobao sind hier bestattet, und der Pavillon des Windes und des Regens (Fengyuting) dient der Erinnerung an Qiu Jin. Außerdem ranken sich um den Westsee viele schöne und bewegende Sagen, die dem bezaubernden See mit seinen Bergen einen romantischen Anstrich verleihen.

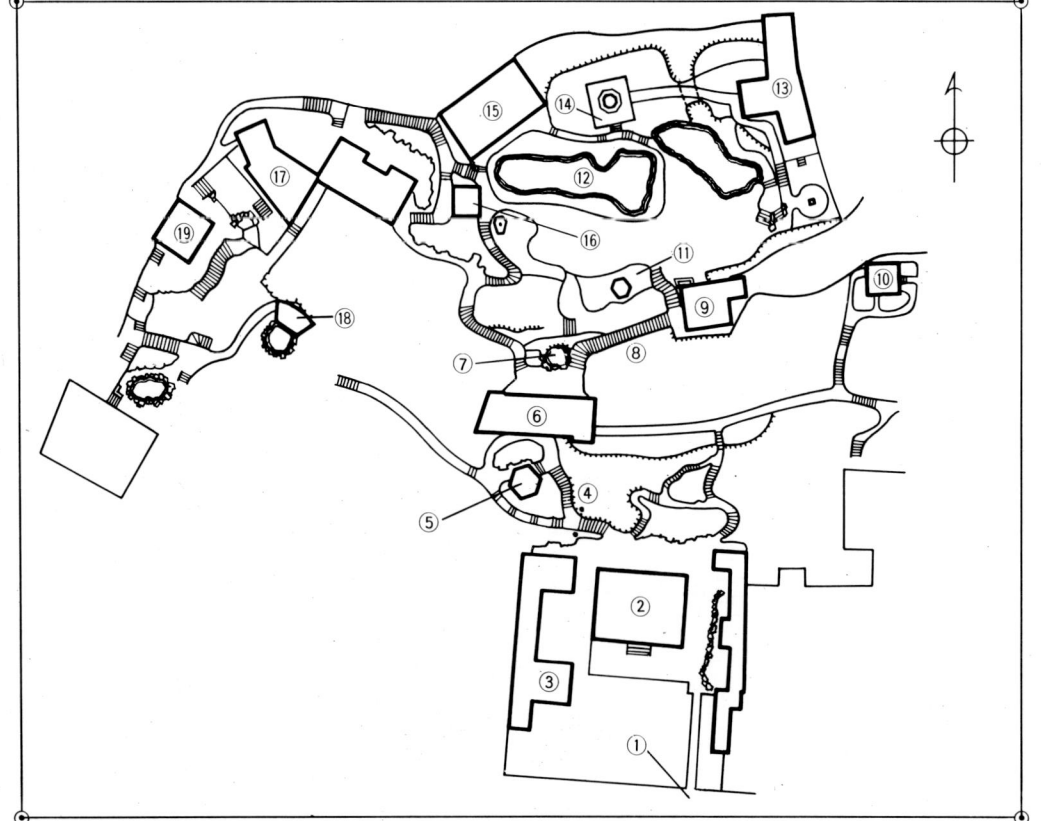

Der Sitz der Epigraphik-Gesellschaft Xiling yinshe
1 *Eingang*
2 *Zypressenhalle (Baitang)*
3 *Bambuspavillon (Zhuge)*
4 *Steinwerkstatt »Xiling yinshe«*
5 *Steinerner Verbindungspavillon (Shijiaoting)*
6 *Regen und Tau am Bergstrom (Shanchuan yulu)*
7 *Druckereiquelle (Yinquan)*
8 *Pfad des Gewaltigen Schnees (Hongxuejing)*
9 *Das von Vier Seiten Beschienene Haus (Sizhaoge)*
10 *»Ruhig« (Juju)*
11 *Pavillon des Abkratzens des Mooses (Tixianting – der Name spielt auf die Freilegung alter Inschriften an)*
12 *Literatur-Quelle (Wenquan)*
13 *Haus der Aufschriften (Tijinguan)*
14 *Pagode des Buddha-Schmuck-Sutras (Huayanjingta)*
15 *Haus der Fröhlichkeit (Huanlelou)*
16 *Steinklause der Drei Alten (Sanlao shishi)*
17 *Klause der Rückkehr zur Einfachheit (Huanpu jingshe)*
18 *Pavillon des Liuyi (Liuyiting – Liuyi ist ein Beiname des Song-Gelehrten Ouyang Xiu, 1007–1072)*
19 *Haus »Links Wolken, Rechts Kraniche« (Zuoyun youhe zhi xuan)*

170. Der Westsee vor Einbruch der Nacht.
171. Die Stelle »Stiller See und Herbstmond« dient traditionell als Ort zum
Betrachten des Mondes am Mittelherbstfest.

172

172. *Die Drei Tiefen Stellen werden durch kleine Pagoden markiert.*
173. *Der Hof vor dem Haus der Wellen der Literatur (Wenlan'ge) mit einem Teich und Felsbrocken. Es ist eines der sieben Häuser, in denen zur Qing-Zeit die Kaiserliche Büchersammlung »Die Gesamten Schriften der Vier Speicher« (Siku quanshu) aufbewahrt wurde.*

173

174

175

174. Der Pavillon »Szenerie des Reiches am Westsee« (Xihu tianxia jing).
175. Im Sitz der Epigraphik-Gesellschaft Xiling yinshe wurden aus
    natürlichem Felsen Höhlen und Teiche herausgemeißelt. Zusammen mit
    einem Baum, der die Form eines Blütenbaldachins hat, ergibt dies einen
    absonderlichen, doch naturnahen Anblick.

176

177

176. *Die Stelle »An Drei Tiefen Stellen spiegelt sich der Mond«.*

177. *Der Sitz der Epigraphik-Gesellschaft Xiling yinshe wurde aus Felsen,*
    Teichen, Bauten und Blütengehölzen schlicht gestaltet. Der Maler
    Wu Changshuo (1844–1927) hatte hier eine Kunst-Gesellschaft
    gegründet, die sich mit der Erforschung alter Inschriften befaßte.

178

178. *Der Pavillon des Öffnens der Netze (Kaiwangting) und die Neunfach geknickte Brücke (Jiuquqiao) an der Stelle »An Drei Tiefen Stellen spiegelt sich der Mond«.*

179

181

180

182

179. *Garten an der Höhle des Gelben Drachens.*
180. *Die Höhle des Rötlichen Dunstschleiers ist eine der ältesten Felshöhlen*
     am Westsee. In die Felswände wurden zur Zeit der Fünf Dynastien
     formvollendete Reliefs eingemeißelt.
181. *Hof an der Quelle »Tigerrennen«.*

182. *Der Drachenbrunnen ist wegen seines klaren Wassers berühmt.*
183. *Die Halle der Himmelskönige (Tianwangdian) im Tempel der Ruhigen*
     Weisheit (Dinghuisi) neben der Stelle »Tigerrennen«. Das Wasser des
     Teichs vor der Halle ist vollkommen mit Teichlinsen bedeckt.
184. *Die letzten Strahlen der untergehenden Sonne über dem Westsee.*

Der Ostsee bei Shaoxing

Der Ostsee (Donghu) liegt 3,5 Kilometer östlich der Stadt Shaoxing. Ihn und den Westsee von Hangzhou sowie den Südsee in Jiaxing bezeichnet man zusammen als die »Drei großen berühmten Seen von Zhejiang«.

Der Ostsee war ursprünglich ein Schiefergebirge. Nach alten Aufzeichnungen soll der Qin-Kaiser Shihuangdi auf einer Reise durch Ostchina einst hier Rast gehalten haben. Er ließ die Wagen anhalten und die Pferde füttern. Damals nannte man den Berg »Bambus-Bogensehnen-Berg« (Ruofenshan).

Von der Han-Zeit an diente diese Stelle als Steinbruch. Zur Sui-Zeit ließ der Gouverneur Yang Su (gest. 606) die Stadt Shaoxing erweitern und setzte dabei Arbeitskräfte aus dem Volk ein, um hier in großem Maße Steine zu brechen. Im Laufe von mehr als tausend Jahren wurde dieser Berg so zu einer äußerst merkwürdigen steilen Felswand und zu einem See von unergründlicher Tiefe, der Vorform des heutigen Ostsees. Zur Qing-Zeit baute man dann einen Damm von mehreren hundert Meter Länge, der als Grenze fungierte. Außerhalb dieses Dammes entstand ein Fluß, innerhalb ein See, der, weil er östlich der Stadt lag, Ostsee genannt wurde. Nach der Revolution von 1911 kamen die großen Revolutionäre Sun Yatsen und Tao Chengzhang hierher, um die Sehenswürdigkeiten zu besichtigen. Später wurde Tao Chengzhang meuchlings ermordet. So gründete man hier eine »Tao-Gesellschaft« und errichtete eine Gedenkhalle zur Erinnerung an Tao Chengzhang.

Das Wasser des Ostsees ist sehr tief, und der Felsen an seiner Seite ragt hoch auf. Der See ist mit Höhlen verbunden. Über das klare Wasser spannen sich zwei zierliche Steinbrücken, die Qin-Brücke (Qinqiao) und die Brücke des Stromes im Rötlichen Dunst (Xiachuanqiao), so daß die stille Wasserfläche dreigeteilt wird. Die schroffe Felswand ragt steil empor und schließt eine Bucht voll frühlingshaften Wassers ein. Fels und Wasser passen zueinander in einer Weise, die die Natur nicht besser hätte schaffen können. Die künstlich in den Berg getriebenen Höhlen am Fuße der Wand sind gewunden, doch die kleinen Boote mit ihren runden Dächern können in sie hineinfahren. Schaut man aus ihnen in die Runde, so glaubt man sich in ein Bild versetzt. Der lange Damm in dem See ist an seinem Ende mit dem Ufer verbunden. Dort zieren ihn der Pavillon des Angehäuften Duftes (Xiangjiting), der Pavillon des Trinkens von Klarem Wasser (Yinluting) und der Pavillon des Lauschens auf den See (Tingquting).

Im Jahre 1962 besuchte Guo Moruo den Ostsee und schrieb das Gedicht:

Der Bambus-Bogensehnen- oder Ostsee,
er ist ein Werk des Menschen.
Der Fels ragt tausend Fuß in die Höhe,
versperrt den Weg und läßt nichts durch.
Die Boote fahren in die Höhlen,
aus denen man wie aus einem Brunnen in den Himmel schaut.
Sagt nicht, der See sei klein –
der Himmel ist in seiner Mitte.

185

185. Der Felsen bildet ein Steilufer, das wie abgeschnitten wirkt.
186. Pavillon und Brücke am Ende des Damms.

213

Die Strohhalle des Du Fu in Chengdu

Die Strohhalle des Du Fu (Du Fu caotang) liegt in einem westlichen Außenbezirk von Chengdu am Ufer des Bachs der Gewaschenen Blüten (Huanhua xi) und ist der ehemalige Wohnsitz des Tang-Dichters Du Fu (712–770).

Du Fu mit dem Beinamen Zimei wurde zur Zeit des Tang-Kaisers Xuanzong im Jahre 712 in Gongxian in der heutigen Provinz Henan geboren. In seinen Jugendjahren bereiste er ganz China und ließ sich später in der Hauptstadt Chang'an nieder. Im Jahre 755, beim Ausbruch der Revolte des An Lushan und Shi Siming, wurde auch er in die Reihen der entwurzelten und umhergetriebenen Massen gedrängt und nach Chengdu verschlagen. In einem westlichen Außenbezirk von Chengdu errichtete er eine Strohhütte und wohnte hier vier Jahre lang. In Chengdu hatte er den Posten eines Adjutanten des Militärgouverneurs und Unterstaatssekretärs im Ministerium für Öffentliche Arbeiten inne. Daher wurde er später auch »Du vom Ministerium für Öffentliche Arbeiten« (Du gongbu) genannt. Du Fu lebte in einer Zeit der Wirren. Er beobachtete und erlebte das tiefe Leid des Volkes und schrieb mit dem patriotischen Enthusiasmus und dem großen Mitgefühl des Dichters viele unvergängliche Gedichte, in denen die Zeitumstände widergespiegelt werden. So bezeichneten spätere Generationen seine Werke als »Geschichte in Gedichten« (shishi). Sie übten auf die Entwicklung der chinesischen Literatur einen großen Einfluß aus. Zu seinem Gedenken errichtete man später an seinem ehemaligen Wohnsitz einen Garten und eine Gedenkhalle.

Nach der Mitte der Tang-Zeit verfiel die Strohhalle. Zur Nord-Song-Zeit wurde sie wiedererrichtet, außerdem entstand die Gedenkhalle. Unter den Yuan-, Ming- und Qing-Dynastien fanden mehrfach Erneuerungen und Umbauten statt. Nach der Gründung der Volksrepublik China erfolgte eine weitere Renovierung, und die Stätte wurde zu einem Garten des Gedenkens und der Erholung.

Die Strohhalle liegt mit dem Rücken zur Stadt und mit der Vorderseite zum Wasser. Im Garten stehen üppig gewachsene alte Bäume, ein gewundener Bach fließt dahin, ein Pflaumenbaumhain spendet Schatten, Lotosblumen und Zimtbäume verströmen ihren Duft. Die Anlage der Strohhalle umfaßt zwei Gruppen von Bauten, die auf einer Nord-Süd-Achse angeordnet sind. Westlich der Gedenkhalle liegt ein Teich mit verschiedenen Armen, durchsetzt mit Pavillons, Wasserhäusern, Brücken und Wandelgängen. Die Szenerie ist von klarer Schönheit, ihre Lage von Reinheit und Stille geprägt. Östlich der Gedenkhalle steht der Strohhallentempel (Caotangsi), der jetzt als Ausstellungsgebäude dient.

Nach dem Passieren des Eingangs gelangt man über eine steinerne Brücke in die Große Halle (Daxie). Hinter ihr befindet sich ein Hof mit der Halle der Geschichte in Gedichten (Shishitang) als Hauptgebäude. Hier hängen Bilder von Du Fu. Auf der Ost- und der Westseite des Hofes verlaufen Wandelgänge. Hinter der Halle der Geschichte in Gedichten kommt man über eine kleine Brücke zur »Brettertür« (Chaimen – eine von chinesischen Dichtern gern benutzte Metapher für das eigene Wohnanwesen). Der Wasserlauf unter der Brücke ist auf der Westseite mit dem »Wassergehäuse« (Shuijian) und auf der Ostseite mit dem »Blütenpfad« (Huajing) verbunden, über den man in den Strohhallentempel gelangen kann. Hinter der Brettertür liegt ein Hof, dessen Hauptgebäude die »Gedenkhalle für den aus dem Ministerium für Öffentliche Arbeiten« (Gongbuci) bildet. Auf der Ostseite dieses Hofes liegt die Bootshütte des Freudigen Empfangens (Yishou hangxuan) und auf der Westseite die Bücherkammer der Strohhalle (Caotang shuwu). In der Gedenkhalle steht eine Skulptur von Du Fu. Außerdem sind an den Seiten Statuen der beiden berühmten Song-Dichter Huang Tingjian (1045–1105) und Lu You (1125–1209) sowie in Stein gravierte Pläne der Strohhallenanlage aus den Perioden Qianlong und Jiaqing der Qing-Dynastie aufgestellt.

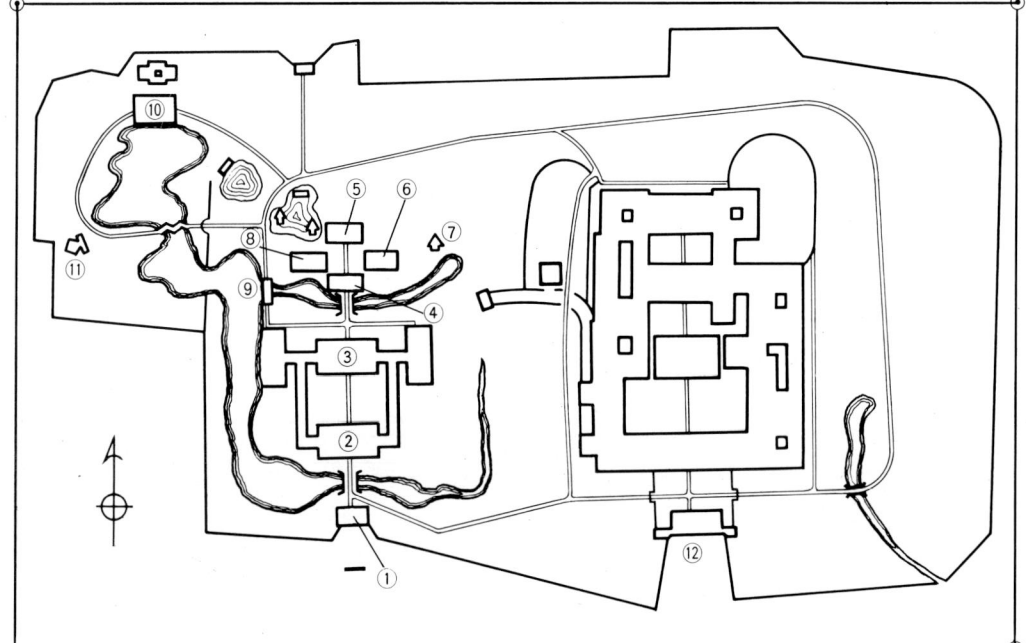

Die Strohhalle des Du Fu
1 *Eingang*
2 *Große Halle (Daxie)*
3 *Halle der Geschichte in Gedichten (Shishitang)*
4 *Brettertür (Chaimen)*
5 *Gedenkhalle für den aus dem Ministerium für
   Öffentliche Arbeiten (Gongbuci)*
6 *Bücherkammer der Strohhalle (Caotang shuwu)*
7 *Pavillon mit der Stele »Strohhalle des (Du Fu aus)
   Shaoling« (Shaoling caotang beiting – Shaoling war
   der Name von Du Fus Wohnort bei Chang'an und
   wurde von ihm selber als Beiname benutzt)*
8 *Bootshütte des Freudigen Empfangens (Yishou
   hangxuan)*
9 *Wassergehäuse (Shuijian)*
10 *Wasserhaus (Shuixie)*
11 *Ein-Blick-Pavillon (Yilanting)*
12 *Strohhallentempel (Caotangsi)*

188

189

190

187. Stelenpavillon.
188. Hof an der Strohhalle.
189. Wassergehäuse.
190. Steinbrücke am Eingang.

Der Jin-Gedenktempel in Taiyuan

Der Jin-Gedenktempel (Jinci) liegt südwestlich der Stadt Taiyuan am Fuße des Berges des Hängenden Kruges (Xuanwengshan). Er ist ein Park eines der Gedenktempel Chinas, die eine besonders lange Geschichte haben. Die frühesten Aufzeichnungen über diesen Park finden sich in der »Klassischen Schrift über die Gewässer mit Kommentar« (Shuijingzhu) von Li Daoyuan (Nord-Wei-Dynastie). Einst wurden hier dem Tang Shuyu (12.–11. Jh. v. Chr.), dem Sohn des Zhou-Königs Wuwang und Ahnherrn des späteren Staates Jin, Opfer dargebracht. Der Gedenktempel liegt in einer sehr schönen natürlichen Umgebung. Seine Westseite lehnt sich an den Berg des Hängenden Kruges an. Aus mehreren Quellen entspringen hier der Zhibo-Kanal und der Lubao-Fluß, die den Park in Windungen durchfließen. Von der Zeit der Nord- und Süd-Dynastien bis zur Ming- und Qing-Zeit wurde hier immer wieder gebaut, so daß allmählich ein von grünen Schatten überdecktes und mit prächtigen Bauten durchsetztes Ausflugsgebiet entstand. Seit alten Zeiten findet hier jedes Jahr vom 2. bis 4. Tag des 7. Monats nach dem Mondkalender ein Tempelfest statt.

Im Jin-Gedenktempel haben sich über einen langen Zeitraum hinweg drei Baugruppen herausgebildet, von denen die mittlere die wichtigste darstellt. Man betritt sie von der Ostseite her durch das Tor der Klarheit der Landschaft (Jingqingmen); es folgen die Terrasse des Spiegels aus Wasser (Shuijingtai), die Brücke der Versammelten Unsterblichen (Huixianqiao), die Terrasse der Metallenen Statuen (Jinrentai), das Tor der Antwort an die Geister (Duiyuefang), die Halle der Darbringungen (Xiandian), das Haus der Glocken und Trommeln (Zhonggulou), die Brücke »Fliegende Balken über dem Fischteich« (Yuzhao feiliang) und die Halle der Heiligen Mutter (Shengmudian). Sie alle sind auf einer Ost-West-Achse angeordnet, wobei die Halle der Heiligen Mutter das Hauptgebäude darstellt. Diese Halle wurde zur Nord-Song-Zeit errichtet. Die davor liegende Brücke »Fliegende Balken über dem Fischteich« ist in ihrer Art in der chinesischen Architektur einmalig.

In der nördlichen Baugruppe bildet der Gedenktempel für Tang Shuyu (Tangshuci) das Hauptgebäude. In seiner Umgebung befinden sich der Tempel des Heiligen Berges des Ostens (Dongyuemiao), der Tempel des Kriegsgottes Guandi (Guandimiao), der Palast des Literaturgottes Wenchang (Wenchanggong) und die Juntianyue- (Name eines Theaterstücks) Terrasse. Am Berghang nördlich von der Halle der Heiligen Mutter liegt eine Reihe kleinerer Bauten wie die Höhle der Drei Reinen (Sanqingdong – die Drei Reinen sind die Hauptgottheiten des daoistischen Pantheons), das Haus des Ahnen Lü (Lüzuge – mit dem »Ahnen Lü« ist Lü Dongbin, einer der Acht Unsterblichen des Daoismus, gemeint) und die Terrasse der Lektüre (Dushutai), die alle, der Bodenform folgend, allmählich nach oben hin ansteigen.

Die südliche Baugruppe besteht aus dem Haus der Körbe (Shengyinglou), dem Pavillon der Gemeinsamen Freude (Tongleting), dem Gedenktempel der Drei Heiligen (Sanshengci), dem Pavillon der Langlebigkeit (Nanlaoting), dem Haus der Wassermutter (Shuimulou – »Wassermutter« ist ein Geist, dessen Anblick ewiges Leben verleiht) und dem Gedenktempel des Gongshuzi (Gongshuzici – Gongshuzi war ein halblegendärer kunstfertiger Handwerker des chinesischen Altertums). Hinter einem Erdhügel auf der Südseite steht die Pagode der Ewigkeit der Buddhareliquien (Sheli shengsheng ta). Die Bauten dieser Baugruppe sind frei und lebendig angeordnet, sie bilden zusammen mit dem Zhibo-Kanal ein organisches Ganzes. Durch die kopfstehenden Spiegelbilder der Pagoden und Häuser im lebhaft fließenden Wasser wird die parkartige Atmosphäre noch verstärkt.

Die aus der Song-Zeit stammenden 33 farbigen Skulpturen von Dienerinnen in der Halle der Heiligen Mutter, die »Zhou-Zypresse« und die »Quelle der Langlebigkeit« (Nanlaoquan) werden als die »Drei Besten Dinge« (Sanjue) im Jin-Gedenktempel bezeichnet. Außerdem gibt es hier noch eine Steleninschrift in den eigenhändigen Schriftzügen von Li Shimin, dem Tang-Kaiser Taizong.

191

191. *Die Halle der Heiligen Mutter und die vor der Halle liegende Brücke*
»Fliegende Balken über dem Fischteich«.

192

193

192. *Wasserrohre leiten das Wasser aus der Quelle der Langlebigkeit in den Zhibo-Kanal.*
193. *Die Pagode der Ewigkeit der Buddhareliquien ist das höchste Bauwerk der Tempelanlage.*

194

194. *Der Pavillon der Wahren Neigung (Zhenquting) und das Nicht Vertäute Boot (Buxizhou) bilden einen reizvollen Kontrast. Oben kann man die Pagode besteigen und in die Ferne schauen, unten das Boot betreten und dem Wasser nahe sein.*

Der Gedenktempel des Fürsten von Wu in Chengdu

Im Gedenktempel des Fürsten von Wu (Wuhouci) wurden einst dem Zhuge Liang Opfer dargebracht. Wann dieser Tempel erbaut wurde, ist unbekannt. Obwohl zu Beginn der Ming-Zeit mit dem Tempel Zhaolie-miao, dem Tempel des Begründers des Staates Shu-Han der »Drei Reiche«, Liu Bei (161–223), vereint, wurde er weiterhin gewöhnlich »Gedenktempel des Fürsten von Wu« genannt. Der Tempel liegt in einem südlichen Außenbezirk von Chengdu. Seine Fläche beträgt etwa 3,7 Hektar.

Zhuge Liang (181–234) mit dem Beinamen Kongming stammte aus Yishui in der heutigen Provinz Shandong. Als ein berühmter Politiker und Stratege der Zeit der Drei Reiche brachte er es bis zum Kanzler des Staates Shu-Han. Er wurde mit dem Fürstentum Wuxiang belehnt und erhielt postum den Titel Fürst Zhongwu (Zhongwuhou).

Der Tempel besteht aus zwei um Höfe herum angelegten Baugruppen und einem Garten. Die beiden Baugruppen sind auf einer Nord-Süd-Achse angeordnet. Die vordere stellt den Tempel für Liu Bei, die hintere den für Zhuge Liang dar. Beide bilden strenge, vierseitig umschlossene Höfe (siheyuan). Dem Haupttor im Süden folgen aufeinander in Richtung Norden das zweite Tor, die Halle des Liu Bei (Liu Bei dian), eine Durchgangshalle und die Halle des Zhuge Liang (Zhuge liang dian). Zwischen dem Haupttor und dem zweiten Tor stehen zu beiden Seiten sechs steinerne Stelen. Eine davon stammt aus der Tang-Zeit. Den Text ihrer Inschrift, in der die historischen Verdienste von Zhuge Liang gepriesen werden, verfaßte der berühmte Kanzler der Mitte der Tang-Zeit Pei Du (765–839); die Inschrift wurde von dem Kalligraphen Liu Gongchuo verfertigt und von Lu Jian graviert. Text, Kalligraphie

und Gravierung sind gleichermaßen ausgezeichnet, so daß man sagt, diese Stele sei »dreifach hervorragend« (sanjue). Das östliche Seitengebäude im Hof der Halle des Zhuge Liang ist eine Bibliothek, das westliche ein Wasserhaus. Westlich von diesem Wasserhaus befindet sich ein Lotosteich. Nördlich hiervon steht das Haus des Zimtbaums und des Lotos (Guihelou), westlich die Bootshalle (Chuanting). Der Teich ist auf allen vier Seiten von Bauten umgeben.

Von der Halle des Zhuge Liang aus erreicht man in westlicher Richtung über eine kleine Brücke und durch das Zimtblütenhaus den von Roten Mauern eingefaßten Weg (Hongqiang jiadao). Er führt im Schatten von Bambuspflanzen still und abgeschieden dahin – ein ganz besonderer Anblick. Auf seiner Westseite liegt das Grab des Liu Bei mit einem zwölf Meter hohen Hügel. In der Geschichte wird dieses Grab »Huiling« (etwa: »Grab des Gunstreichen«) genannt. Nach Aufzeichnungen in der Geschichte der Drei Reiche (Sanguozhi) starb Liu Bei im Jahre 223 in Baidicheng (östlich vom heutigen Fengjie in der Provinz Sichuan); sein Leichnam wurde dann nach Chengdu zurückgeführt und hier bestattet.

Im Gedenktempel des Fürsten von Wu gibt es viele Tafeln mit Inschriften, in denen Zhuge Liang, bekannt für seinen scharfen Verstand, gepriesen wird. Am bekanntesten ist die folgende, die von Zhao Fan zur Qing-Zeit verfaßt und geschrieben worden ist: »Wenn man die Herzen erobern kann, werden Intrigen nichtig – seit jeher liebte er, der etwas von Waffen verstand, nicht den Krieg. Wenn man eine Situation nicht beurteilen kann, dann sind Großzügigkeit und Strenge gleichermaßen falsch – als er später Shu regierte, mußte er tief nachdenken.«

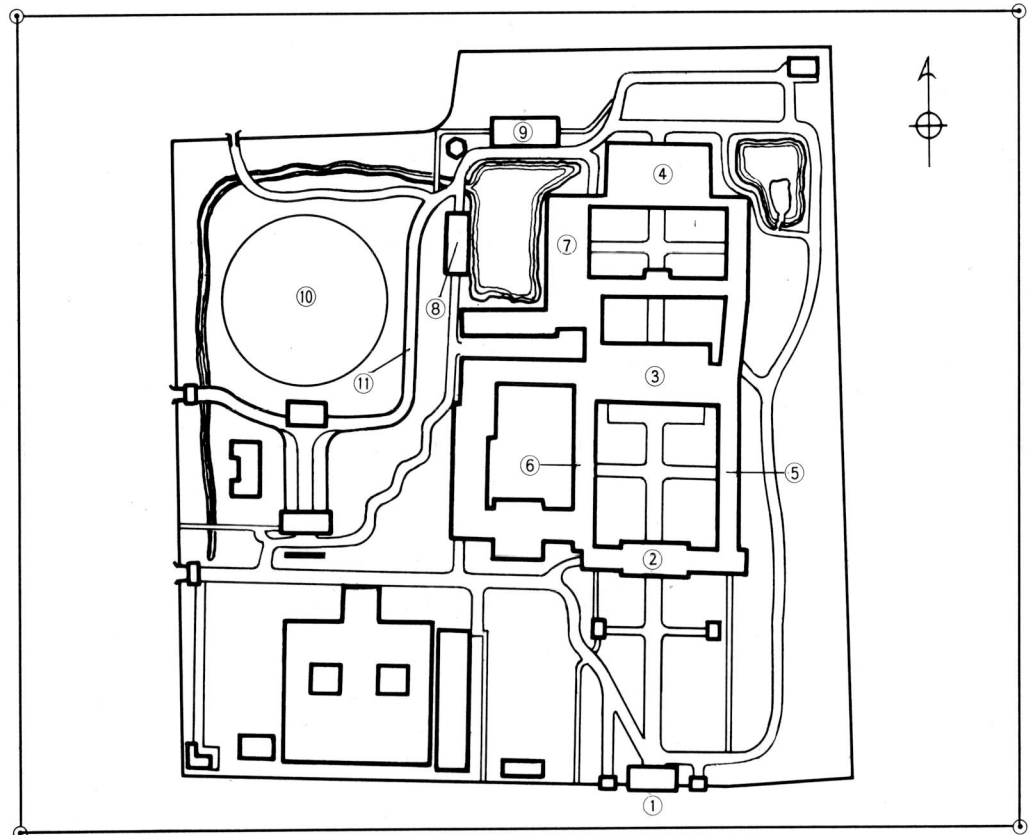

Der Gedenktempel des Fürsten von Wu
1 Haupttor
2 Zweites Tor
3 Halle des Liu Bei (Liu Bei dian)
4 Halle des Zhuge Liang (Zhuge Liang dian)
5 Gang der Zivilbeamten (Wenchenlang)
6 Gang der Generäle (Wujianglang)
7 Wasserhaus (Shuixie)
8 Das »Boot« (Chuanfang)
9 Haus des Zimtbaums und des Lotos (Guihelou)
10 Grab des Liu Bei
11 Von Roten Mauern eingefaßter Weg (Hongqiang jiadao)

195. Torhalle.

196

196. Das »Boot«.
197. Der von Roten Mauern eingefaßte Weg.

Der Berg der Fünf Quellen in Lanzhou

Der Berg der Fünf Quellen (Wuquanshan) liegt auf der Nordseite des Gaolan-Gebirges südlich der alten Stadtanlage von Lanzhou. Der Name dieses Parks rührt daher, daß es hier fünf Quellen (die Ganquan-, die Juyue-, die Mozi-, die Hui- und die Meng-Quelle) gibt. Der Überlieferung nach hatte zur Han-Zeit der berühmte General He Qubing (145–117 v. Chr.) einmal hier Truppen stationiert.

Der Berg der Fünf Quellen wird auf der Ost- und auf der Westseite von jeweils einem Tal eingeschlossen, die wegen ihrer Wasserfälle auch »Östliches Drachenmaul« (Donglongkou) und »Westliches Drachenmaul« (Xilongkou) genannt werden. Mit ihren üppig wachsenden Bäumen ist diese Stelle von großem landschaftlichem Reiz. So wurden hier schon seit der Ming-Zeit Tempel gebaut. Dadurch entwickelte sich diese Stelle allmählich zu einem beliebten Ausflugsgebiet. Jedes Jahr findet hier vom 1. bis zum 10. Tag des 4. Monats nach dem Mondkalender das Tempelfest der Buddhawaschung statt, zu dem die Menschen in großen Scharen herbeiströmen.

In der Periode Hongwu der Ming-Dynastie wurde hier zunächst der Tempel des Erhabenen Glücks (Chongqingsi) erbaut, durch Kriegsereignisse in den Perioden Qianlong und Tongzhi der Qing-Dynastie jedoch fast völlig zerstört. In den Jahren der Periode Guangxu fanden Reparaturen und Erweiterungen statt. Zu Beginn der Republik sammelte Liu Erxin Gelder für eine Renovierung, durch die der alte Zustand der Bauten allmählich wiederhergestellt wurde. Die heute hier vorhandenen Gebäude stammen zum größten Teil aus dieser Zeit.

Die Hauptgebäude des Bergs der Fünf Quellen stehen auf einer leicht gekrümmten zentralen Achse. Sie steigen, dem Berghang folgend, allmählich nach oben hin an. Von ferne bieten die Dächer der scheinbar übereinandergesetzten Hallen und das Gewirr der Traufenecken einen gewaltigen Anblick. Dem Schmucktor am Eingang folgen nach oben hin die Terrasse der Vollendeten Freude (Shouletai), der Schmetterlingspavillon (Hudieting) und die Diamant-Halle (Jin'gangdian). Die letztere stellt das einzige erhaltene Gebäude des Ming-zeitlichen Tempels des Erhabenen Glücks dar. Sie beherbergt eine bronzene Statue des Buddha, der die Menschen führt (Jieyinfo). Südlich von dieser Halle stehen die Kostbare Halle des Großen Heldenhaften (Da xiong bao dian) und das Haus der Zehntausend Quellen (Wanyuange). Das Haus der Zehntausend Quellen hieß ursprünglich Haus der Klaren Ferne (Mingyuanlou) und befand sich in der alten Juyuan-Anlage im Stadtinnern. Es wurde später hierher umgesetzt. Westlich vom Haus der Zehntausend Quellen erheben sich der Palast des Taihao (Taihaogong – Taihao ist ein anderer Name von Fuxi, einem Sagenkaiser des chinesischen Altertums) und der Gedenktempel der Schüler des Konfuzius (Kongmen dizi ci). Ursprünglich stand an dieser Stelle der Tempel der Brennenden Lampen (Randengsi). Südwestlich vom Haus der Zehntausend Quellen liegt der Glockenpavillon (Zhongting) mit einer eisernen Glocke aus der Periode Taihe der Dschurdschen-Dynastie Jin. Von hier führt ein kurvenreicher Weg nach oben, auf dem man zum Palast des Literaturgottes Wenchang (Wenchanggong) und zum Tempel des Bodhisattva Ksitigarbha (Dizangsi) gelangt. Geht man weiter nach Südosten, so erreicht man das hoch am Rande einer steilen Felswand gelegene Haus der Tausend Buddhas (Qianfoge). Unterhalb von diesem verläuft das Osttal, in dem die Meng-Quelle entspringt.

Das Westtal strahlt in starkem Maße parkartige Atmosphäre aus. In seinem Nordteil entspringt die Hui-Quelle, an der ein kleiner Pavillon mit einer Brücke erbaut wurde. Im dichten grünen Schatten auf der Westseite dieses Tals befindet sich der Mani-Tempel (Manisi), von dem man eine gute Aussicht auf den Gelben Fluß (Huanghe) und auf das stille Tal im Osten hat. Die helle Landschaft ist überaus reizvoll. Geht man das Westtal abwärts, so gelangt man zum »Neuen Garten der Grünen Stille« (Cuiyou xinpu), der nach der Gründung der Volksrepublik China durch Umgestaltung des früheren »Kleinen Penglai« (Xiao Penglai – Penglai ist eine sagenhafte paradiesische Insel) angelegt wurde. Dies ist ein kleiner Garten mit Teichen und Pavillons in einer still abgeschiedenen Umgebung.

198. Die Diamant-Halle birgt in ihrem Innern eine eineinhalb Meter hohe Bronzestatue des Buddha, der die Menschen führt.
199. Das Haus der Zehntausend Quellen.
200. Der Neue Garten der Grünen Stille gemahnt in starkem Maße an die kleinen Gärten Südchinas.
201. Der Palast des Wenchang bildet eine machtvolle, am Berghang liegende Hofanlage.
202. Der Mani-Tempel ist eine der landschaftlichen Sehenswürdigkeiten des Berges der Fünf Quellen.

201

202

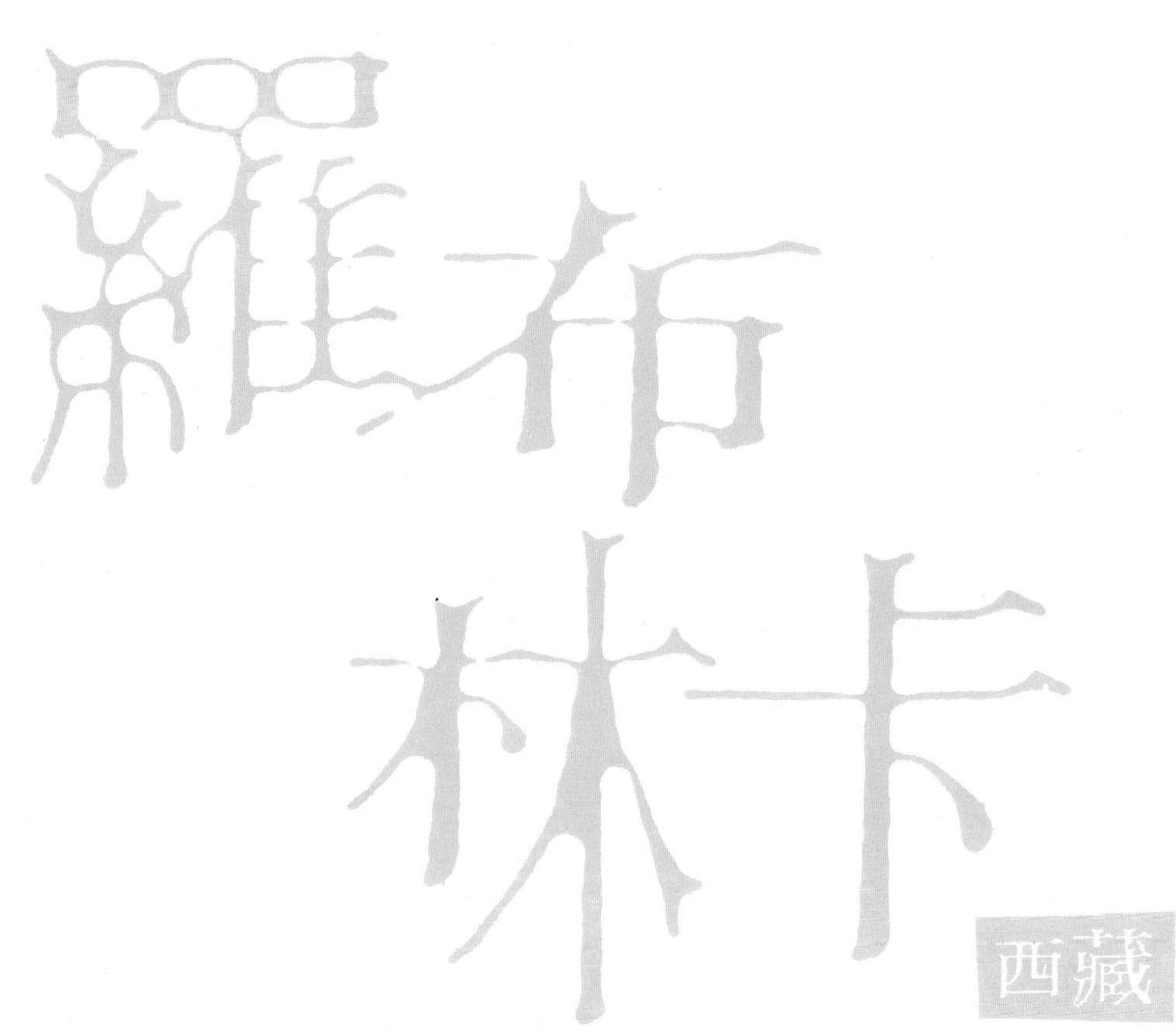

羅布林卡

西藏

Der Juwelenpark in Lasa

Der Juwelenpark (Luobulinka, tibetisch: Nor-bu gling-ka) befindet sich in Lasa, der Hauptstadt von Tibet. Er war der Privatpark des Dalai-Lama, sein tibetischer Name bedeutet »Park der Juwelen«. Seit der Periode Qianlong der Qing-Dynastie, in der der Vertreter der Qing-Regierung in Tibet begann, hier für den 7. Dalai-Lama den Palast des Kühlen Pavillons (Liangtinggong; tibetisch: bSil-khang, »Sommerresidenz«) als Stätte der Ruhe nach dem Bade zu erbauen, wurde hier zweihundert Jahre lang ununterbrochen erweitert und gebaut, bis die Anlage zum heutigen, über 30 Hektar großen Park wurde.

In dem Park gibt es ausgedehnte Haine und Grasflächen, in die gruppenweise mehrere Paläste eingebettet sind, die jeweils eigene Anwesen bilden. In diesen wachsen wiederum die verschiedenartigsten Blumen und Obstbäume, deren Blüten im Frühling bunt wie Brokat sind und deren Zweige im Herbst voller großer Früchte hängen. Der ganze Park hat das natürliche Gepräge von Wald und Steppe und daher einen vollkommen anderen Charakter als die Gärten des übrigen China, deren Absicht es ist, Felsen und Wälder nachzubilden.

Da in diesem Park verhältnismäßig früh der Palast der Trefflichen Tugend (tibetisch: dGe-bzang pho-brang) als Wohnsitz des 7. Dalai-Lama erbaut wurde, haben die späteren Dalai-Lamas im Sommer alle hier gewohnt. Der Palast im Herzen des Sees (Huxingong, tibetisch: mTsho-sñing-khang) entstand dadurch, daß man in dem mit Quellwasser gespeisten Teich, in dem der 7. Dalai-Lama zu baden pflegte, eine Insel aufschüttete und die Ufer des Teichs befestigte. Auf der Insel stehen der Palast im Herzen des Sees und der Palast des Drachenkönigs (Longwanggong, tibetisch: Klu-khang, »Palast der Schlangendämonen«) – zierliche Bauten, die lebendig und liebenswürdig wirken. Der Kontrast der Bauten zum azurenen Wasser und zum blauen Himmel schafft hier die landschaftlich wohl schönste Stelle im ganzen Park.

Der zur Zeit des 13. Dalai-Lamas errichtete Goldene Palast (tibetisch: gSer-gyi pho-brang) weist verhältnismäßig große Ausmaße auf. Zu ihm gehören einige Gruppen aus kleineren Bauten, deren Besonderheit das freie Anlageschema der tibetischen Architektur ist. Der erst nach 1949 errichtete Dadan-mijiu-pozhang-Palast bewahrt mit seinem überaus prachtvollen Schmuck Form und Stil der traditionellen tibetischen Architektur.

Im Haus »Beherrscher der Drei Welten« (Wei zhen san jie ge, tibetisch: Khams-gsum zil-gnon khang) wohnte der Dalai-Lama jedes Jahr zum Xuetun-Fest Schauspielen bei. Die ebene Fläche vor dem Haus diente dabei als Bühne. Auch heute noch kommen die Tibeter an Festtagen in den Park, errichten Zelte, trinken, singen und tanzen oder sehen sich Schauspiele im tibetischen Stil an.

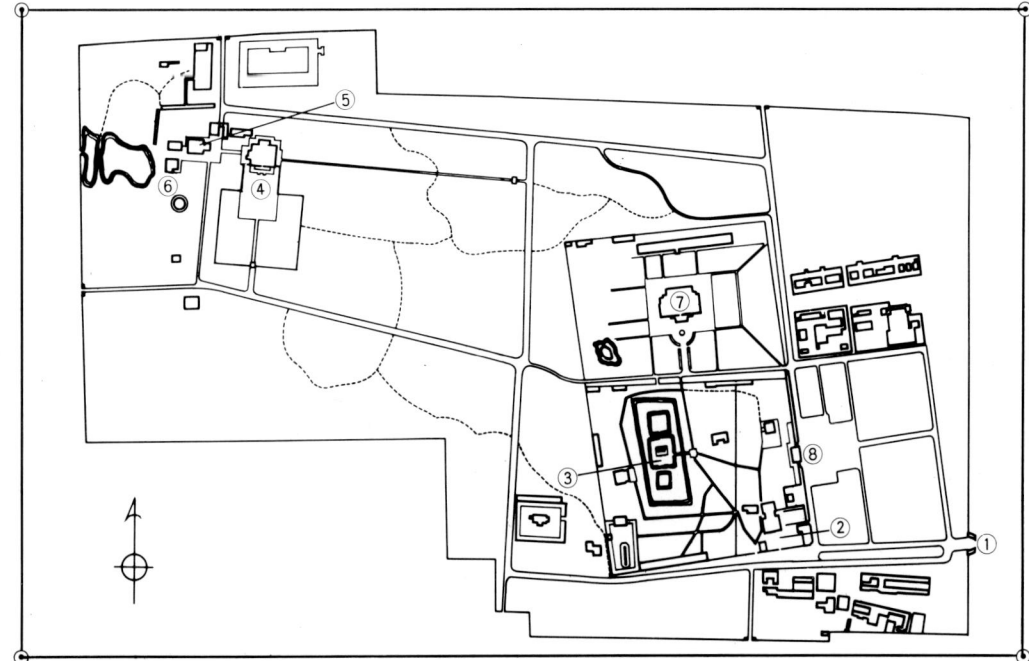

Der Juwelenpark
1 Eingang
2 Palast der Trefflichen Tugend (tibetisch: dGe-bzang pho-brang)
3 Palast im Herzen des Sees (Huxingong, tibetisch: mTsho-sñing-khang)
4 Der Goldene Palast (tibetisch: gSer-gyi pho-brang)
5 Gesang-deji-Halle
6 Qimei-quji-Halle
7 Dadan-mijiu-pozhang-Palast
8 Haus »Beherrscher der Drei Welten« (Wei zhen san jie ge, tibetisch: Khams-gsum zil-gnon khang)

236

205

206

203. Die kleine Halle »Gesang-deji« wurde zur Zeit des 13. Dalai-Lamas erbaut. Das Erdgeschoß war seine private Schatzkammer, das Obergeschoß diente dem Empfang von Gästen.
204. Die kleine Halle »Qimei-quji« entstand in den späten Jahren des 13. Dalai-Lamas. Er nahm hier seinen Alterssitz und starb auch in dieser Halle.
205. Der Hof vor dem Dadan-mijiu-pozhang-Palast.
206. Die einzelnen Paläste und Hallen werden durch Mauern zu einzelnen Anwesen zusammengefaßt.

207

207. Der Dadan-mijiu-pozhang-Palast ist der jüngste Bau des Juwelenparks.
Er bewahrt Form und Stil der traditionellen tibetischen Architektur.
208. Ausgedehnte Haine und Wiesen bilden eine Besonderheit der tibetischen
Parks. Hinter dem Eingang säumen schattige Bäume den Weg. Auf
beiden Seiten erstrecken sich ganze Wälder.

209

209. *Die Insel mit dem Palast im Herzen des Sees und dem Palast des Drachenkönigs.*